한눈에 읽는 외식창업 성공이야기 [시리즈 12]

# 복고풍 새로운 향수
# 포차 · 주점 전문점

김병욱 지음

킴스정보전략연구소

김 병 욱 소장


    킴스정보전략연구소 소장인 김병욱 박사는 소상공인 창업 지원 연구, 개발, 평가, 심사, 위원으로 활동하고 있으며, 삼성그룹사가 작사와 1등을 뛰어넘는 2등 전략과 창업 틈새 전략 외 150여 권의 저서를 발표한 바 있다.

    그 밖에 방송·산업체 강의, 평가 등의 활동과 동시 월스트리트저널에 의해 21세기 아시아 차세대 리더에 선임된 바 있는 정보전략가임과 동시 경영컨설턴트이다.

## Contents

# Contents

Contents

# Contents

# I

## 포차·주점 역사와 발전

# 1. 포차·주점의 유래와 발전

## 1) 포차·주점의 유래

최근 들어 다시 각광 받고 있는 포장마차는 국어사전에서는 '비바람, 먼지, 햇볕 따위를 막기 위하여 포장을 둘러친 마차' 또는 '손수레 따위에 네 기둥을 세우고 포장을 씌워 만든 이동식 간이주점'으로 정의하고 있다. 정확하지는 않지만 포장마차는 일본 후쿠오카의 포장마차 야타이에서 유래했다는 설이 설득력을 얻고 있다.

한편 우리나라에 처음으로 포장마차가 등장한 시기는 해방 후 경제적으로 궁핍했던 1950년대부터다. 광목천으로 대충 포장을 한 마차에 참새구이 등 간단한 안주와 소주를 팔기 시작한 것이 시초이다. 1970년대 이후 전국에 걸쳐 길거리 포장마차가 생겨나기 시작하면서 점차 자리를 잡은 후 1980년대까지 매우 성행했다. 당시 포장마차는 고된 노동에 지친 서민들에게 가벼운 주머니로도 하루의 서글픔과 삶의 불안함을 잠시나마 해소할 수 있는 안식처로 간주되었다. 하지만 1988년 서울올림픽을 계기로 정부가 길거리 노점상을 일제히 단속하면서 잠시 자취를 감추기도 했다. 이후 1997년 IMF금융위기 등으로 경기가 불황에 치달으며 포장마차가 부활하기 시작했다. 그리고 2000년대부터는 야간에 주차장 등을 개조한 기업형 대형 포장마차가 생겨나기도 했다.

그 후 실내포장마차와 주점은 1988년 88서울올림픽 이후 단속으로 인해 '실내포장마차'라는 이름의 포장마차가 각 소형점포로 이주하면서 변형인 간이주점이 생겨나면서 실내포장마차가 새롭게 생겨났다. 그 이후 2000년대에는 그 수가 급격히 늘어나면서 번듯이 하나의 업종으로 자리 잡았다.

닭발, 오돌뼈, 순대, 주꾸미, 꼬막, 꽁치 등의 음식을 안주로 만들어 파는 포차형 주점은 1만원 내외의 저렴한 가격으로 주머니 사정이 여의치 않고 옛 향수를 느끼며 편하게 술을 마시고 싶은 도시인들에게 큰 인기를 누렸다.

## 2) 포차 · 주점의 트렌드 변화

포차 · 주점의 시장 변화에 대해 연대별 흐름을 보면 1990년도부터 확장하기 시작해 2000년을 기점으로 급격히 커졌다. 시장이 팽창되면서 포차 · 주점 전문점들은 소비자의 니즈를 수용하며 다양한 형태로 진화했는데, 그 변화를 트렌드별로 분류하면 다음과 같다.

1990년~1996년은 개인호프집이 주류를 이뤘고 특별한 개념 없는 단순 호프집이 대부분이었다. 입지 역시, 지하나 2층에 입점하고 식상한 메뉴구성으로 주점이 운영됐다. 하지만 경쟁이 치열하지 않아 특별한 것이 없어도 일정 매출을 확보했던 시기였다.

1997년~2001년은 'IMF 금융위기' 발생으로 포차·주점 창업시장의 경쟁이 본격화된 시점이다. 경쟁력 있는 프랜차이즈 브랜드들이 생겨나면서 특색 없는 개인 주점들이 경쟁에서 밀려나기 시작했다.

2002년~2004년은 본격적으로 프랜차이즈 주점 브랜드들이 시장을 주도한 시기이다. 지하나 2층에 입점하던 주류전문점들이 1층으로 내려오던 시기이기도 하다. 깔끔한 인테리어의 생맥주전문점이 성행했고, 세트메뉴를 내세운 저가 체인점이 유행했다. 프랜차이즈 주점들이 시장을 이끌며 요리주점의 출현으로 메뉴의 다양화가 이뤄진 시기이다. 특히, 지하나 2층 이상에 입점한 개인 주점이 몰락했다.

2005년~2010년은 생맥주전문점이 쇠퇴하고 일본풍 인테리어와 메뉴구성으로 무장한 이자카야가 트렌드를 이끌었다. 유사 프랜차이즈 브랜드만 50개가 넘을 정도로 인기를 끌었다. 또, 한국식 막걸리전문점이 혜성처럼 나타났다가 사라진 시기이기도 하다.

2011년~2017년은 이자카야와 실내포장마차 그리고 요리주점들이 꾸준하게 트렌드를 이끈 시기면서 육회주점, 홍합주점 등 특정 메뉴를 강조한 주점들이 반짝하고 유행하다 사라진 시기이다. 룸형주점, 감성주점 등 지하나 2층에 대형 주점들이 탄생했다. 하지만 과다한 시설투자비용과 비슷한 브랜드의 난립으로 일시적인 유행이 됐다 사라졌다.

　우리나라 아이템의 트렌드는 위에서 보여주듯이 유행주기가 상당히 짧다. 주류전문점이 트렌디한 시대상을 반영하는 만큼, 급변하는 시장 환경 탓으로, 최근에는 아이템 유행주기가 2~3년 정도로 더욱 줄었다. 현재까지 업계 트렌드 변화는 프랜차이즈화, 고급화, 세분화, 전문화로 요약할 수 있는데 시장이 성숙기에 접어들면서 치열한 경쟁구도를 보여, 강진약퇴(强進弱退) 현상이 이어지고 있다. 또한 기업들은 경쟁우위 확보를 위해 마케팅믹스조정 등의 노력을 통해 시장지배력 확대를 모색해나가고 있다.

<표1> 포차·주점의 시대별 트렌드

| 시대 | 주점형식 | 트렌드 |
|---|---|---|
| 1970년대 | 포장마차<br>대폿집 | • 해방 이후 참새구이와 잔소주 정도를 간소하게 판매하는 포장마차형<br>• 규모가 작고 허름한 대포집은 30~40대 직장인을 중심으로 성행 |
| 1980년대 | 맥주집<br>민속주점<br>학사주점 | • 고급주류였던 맥주를 저렴하게 즐길 수 있는 호프가 도입, 맥주전문점 등장<br>• 토속적인 분위기에서 도토리묵이나 파전 등을 |

| 연도 | 주점형태 | 내용 |
|---|---|---|
|  |  | 파는 민속주점, 학사주점이 대학생들 사이에서 인기 |
| 1990년대 | 소주방<br>저가형주점 | • IMF 이후 저가형 주점 브랜드 '어쭈구리', '형어디가', '천하일품', '웬일이니' 등이 주점 시장 장악<br>• 대학가에 33m² 안팎의 작은 규모로 어묵국물·두루치기를 파는 '부메랑', '하림', '또와요' 등 소주방 성행 |
| 2000년대 | 세계맥주<br>생맥주<br>퓨전주점 | • 국내 프랜차이즈 주점 시장의 성장기<br>• '치어스', '비어캐빈', '밀러타임', '카스톡스' 등 세계맥주&생맥주전문점이 연이어 론칭<br>• '피쉬앤그릴', '행님아', '꾼노리', '지짐이', '와라와라' 등 특색있는 요리주점이 인기 |
| 2010년대 | 이자카야<br>다이닝주점 | • 이자카야 주점이 인기를 끌면서 청담동 일대에 이자카야 거리가 형성됨<br>• '천상', '우랑', '하지', '토오미', '고센야', '천둥' 등 이자카야 브랜드들이 속속 론칭하며 주점 시장 극대화<br>• '객잔차이나', '주모리', '홍가', '토오미' 등 다이닝을 표방하는 요리주점이 생겨남 |
| 2011년대<br><br>2012년대 | 막걸리전문점 | • 한식세계화 바람을 타고 전통주에 대한 관심도가 높아져 '청송얼음막걸리', '탁사발', '교동전선생', '종로전선생', '잘살아보세', '지지미' 등 30여 개 가량의 전통 주점등장 |
| 2013년대<br><br>2014년대<br><br>2015년대 | 스몰비어 | • 장기불황으로 술과 안주를 모두 가볍게 즐기는 스몰비어가 유행<br>• '봉구비어', '말자싸롱', '김양비어', '용구비어', '상구비어' 등 다양한 주점브랜드간의 경쟁이 심화 |

| | | |
|---|---|---|
| | | • 경기침체가 계속돼 적은 비용으로 창업하고, 적은 비용으로 술을 즐기는 추세가 이어짐 |
| 2016년대 | 야시장 저가포차 | • 복고가 유행하면서 저가안주와 낡은 분위기의 인테리어 등을 콘셉트로 한 복고풍 주점이 유행<br>• '삼구포차', '포차어게인', '맛나슈퍼', '아맛나슈퍼', '삼오칠싸롱' 저가·가성비 주점 시장이 성황<br>• 야시장 콘셉트로 저가안주를 파는 주점이 인기 '방콕야시장', '뉴욕야시장', '신촌야시장', '동경야시장', '대만야시장' |
| 2017년대 | 수제맥주전문점 중저가 주점 | • 수제맥주를 찾는 경향이 짙어지면 '생활맥주', '크래프트 한스', '브롱스' 등 수제맥주 전문점이 크게 늘어남<br>• 저가 안주의 인기가 잦아들고 가성비는 유지하되 중저가형 프리미엄 안주류를 즐길 수 있는 '경성주막 1929', '미술관' 등 인기 |

자료: 월간식당, (2017.08), 188-189.

## 3) 포차·주점의 발전

주점창업은 예비창업자들의 스테디셀러로 선호하는 업종 중 하나다.

소시민을 위한 선술집에서 최신식 스마트주점까지 다양한 포차·

주점시장은 서민들의 생활과 그 역사를 함께해왔다.

최근 포차·주점시장은 '여성고객'에 사활을 걸고 있다. 즉 포차·주점시장의 전반적인 변화는 모두 '여성'에 타깃이 맞춰져 있다는 점이다. 외식 소비의 주도권을 20~30대 여성, 그리고 주부들이 쥐게 되면서 이들이 선호하는 방향으로 주점시장도 변화하고 있는 것이다.

가장 큰 변화를 겪은 것은 생맥주 전문점이다. 보통 2차, 3차 방문 장소이던 맥주전문점은 최근 패밀리레스토랑급으로 메뉴군을 강화해 1차는 물론, 외식이 가능한 공간을 만들면서 여성고객에 이어 가족단위의 고객까지 모객하고 있다.

여성이 포차·주점 마케팅 소비주체가 되면서 변한 것은 메뉴뿐만이 아니다. 여성들이 선호하는 공간을 만들기 위해 보다 깨끗하고 쾌적한 공간 활용은 물론, 더욱 밝고 캐주얼한 인테리어를 선호하는 곳들이 늘어나고 있는 점이다. 다양한 주점브랜드들은 여성층의 모객을 위해 커피전문점을 연상시키는 카페형태의 모던 빈티지 인테리어를 선보이고 있다.

여성들이 주점업계의 소비주체가 되면서 여성이 선호하는 메뉴개발은 물론, 이들에게 초점을 맞춘 마케팅이 각광 받고 있다. 메뉴개발에 그치는 것이 아니라 음식을 담는 용기, 데코레이션까지 고려하

는 추세인데 그 핵심 변화 요인을 보다 세분화 시켜보면 다음과 같
다.


① 대한민국 대표 서민주 '소주'와 가장 잘 어울리는 곳으로 대
한민국의 역사와 함께하며 서민의 외로움을 달래주던 소주는 예나
지금이나 꾸준히 사랑받고 있는 주류다. 한때 젊은 충들이 과음을
피하기 위해 소주 대신 맥주를 선호하기도 했지만, 시대의 흐름에
따라 여성이 소비주체가 되면서 이를 타깃으로 한 주류회사의 의욕
적인 마케팅으로 저도수의 소주가 유행하여 여전히 대한민국 대표
술의 타이틀을 유지하고 있다.


② 여성을 위한 맛있는 술 '칵테일 소주'의 제공으로 높은 도수
에 쓴맛이 강한 소주가 남성들의 전유물일 때 90년대 후반 레몬소주
등의 칵테일 소주가 나오기 시작하면서 소주의 한차례 진화가 이뤄
졌다. 마치 음료 같은 소주 맛으로 젊은 여성들 사이에서 선풍적인
인기를 끌었다. 인위적인 첨가물 때문에 숙취가 심하다는 의견도 있
었지만, 최근에는 칵테일 소주의 제조방식이 더욱 전문화되고 진화
하면서 이 같은 우려의 감소는 여성고객을 주요고객으로 끌어들일
수 있는 기회가 된 것이다.

③ 우리 전통주인 막걸리와 동동주와 잘 부합하는 포차·주점의 옛 향수를 달래주는데 매우 부합한 곳이다. 비오는 날이면 꼭 생각나는 파전은 막걸리나 동동주와 훌륭한 짝이다. 2005년쯤 막걸리전문점 창업이 큰 붐을 일으키며 성행하다 삽시간에 몰락한 전례가 있지만, 2010년 다시 분 막걸리 열풍을 바탕으로 현재는 안정적인 고객층을 확보하고 있는 주류 중 하나다. 특히 한류붐에 따라 외국인 관광객을 대상으로 큰 인기를 얻고 있는 것도 바로 포차·주점에서 함께 누리는 우리 전통주와의 만남이다.


④ 연령불문 사랑받는 폭탄주 '소맥'  : 과거 '폭탄주'로 불렸던 '소맥'이 하나의 주류문화로 자리 잡아 연령을 불문하고 사랑받고 있다. 맥주에 소주 적당량을 섞어 마시는 소맥은 경기불황에 2, 3차까지 길어지는 술자리는 피하되, 적당히 취하고 싶은 사람들을 위한 술로 각광받고 있다. 빠르게 취하면서도 먹기에 편해 여성들도 선호한다. 주점 업계에서는 이 소맥트렌드를 반영해 소맥잔, 소맥자격증 등 다양한 펀마케팅을 시도해 매출 활성화를 꾀하고 있다.

## 2. 포차 · 주점 시장 동향

### 1) 시장 동향

2015년 기준 주류전문점 시장규모는 장기화되는 경기침체와 소비자의 라이프스타일 변화, 금연구역 확대, 인력난 등 우호적이지 않은 시장 환경으로, 점포수 감소와 더불어 마이너스 성장을 기록했다. 업계의 대표 프랜차이즈 업체들의 실적도 부진했다.

국세청에 따르면 지난 2015년 주류 출고량(수입분 합산)은 383만334$k\ell$를 기록하며 2년 연송 증가세를 보였다. 2010~2015년은 주류전문점의 지표는 하락했으나 주류 출고량은 3.7% 성장한 경우로, 이는 주류소비가 자가소비와 주류전문점이 아닌 대체 카테고리에서 확대됐음을 말한다. 특히 치킨전문점, 패밀리레스토랑 등과 주류전문점의 업종 경계가 모호해짐으로 발생해, 주류전문점에서 주류와 안주로 간단한 식사를 대체하는 가치 소비도 성장하였다.

주류전문점에 여성고객이 늘고 있다는 점에도 주목할 필요가 있다. 특히, 젊은 미혼여성 고객들의 진입이 늘었는데 그들은 교류하고 교감하기 위해 주점을 찾는다.

지속되는 경기침체와 혼술 트렌드, 주점업계가 움츠러들었다. 일부 프랜차이즈 업체는 주점 이외에 다른 업종으로 눈을 돌리는가 하면 점심시간 영업과 점심메뉴 강화 등으로 매출 활성화에 안간힘을 쏟고 있다.

지난 2017년 6월 국세청이 발표한 전국 일반주점 사업자 현황에 따르면 2017년 4월 기준 5만4752명으로 지난해 동월 5만8308명에 비해 6.1% 정도가 줄어들었다. 3556곳이 폐업해 하루에 10곳 정도가 문을 닫은 것이다.

'투다리'는 가맹점이 64개가 줄었지만 매출액이 소폭 상승하면서 선방을 했다. 투다리의 2017년 상반기 매출액은 87억3100만 원으로 지난 2016년 83억3500만원보다 소폭 상승했다. 주점업계가 어려운 상황이지만 광고모델 임창정을 기용, 젊은 고객층이 늘어났다.

2~3년 전 크게 성행했던 스몰비어 주점은 하락세로 접어들면서 새로운 브랜드나 고급 주류 도입으로 변신을 꾀하고 있다. 2017년 5월 위스키와 탄산수를 혼합한 봉구하이볼 6종을 출시하면서 가볍게 위스키를 즐기고 싶은 중장년층과 부드러운 저도주를 선호하는 젊은 층 모두를 타깃으로 잡았다.

'상구비어'를 론칭했던 상구패밀리는 버스컵 떡볶이라는 새로운 떡볶이 브랜드를 선보이며 분위기 전환에 나섰다. 상구패밀리 R&D 팀은 상구비어의 매출이 떨어진 것은 사실이지만 버스컵떡볶이나 다른 브랜드로 만회할 기회를 엿보고 있다. 당분간은 주점 이외의 브랜드 운영을 강화해 나가고 있다.

고객들이 특별한 맛을 느낄 수 있는 가성비 높은 안주류를 원하는 것도 주점업계의 변화를 가속화 시키는 요인이다. 1차로 식사를, 2차로 주점에 가던 문화가 아니라 1차에서 식사와 술을 한꺼번에 해결하는 '밥+술' 문화가 정착되고 있다. 업계도 이런 트렌드에 맞춰 식사와 안주를 겸하는 메뉴를 선보이되 점심영업을 확보할 수 있는 전략으로 대응하고 있다.

'피쉬앤그릴&치르치르' 를 운영준인 ㈜리치푸드는 지난 2016년 6월 뉴욕의 밤거리 콘셉트 주점인 '뉴욕야시장' 을 론칭하고 가성비 높은 안주류를 내놓았다. 8900원에 육즙 가득한 스테이크와 3300원 또르띠아를 추가해 쌈 싸먹듯 먹을 수 있고 식사 메뉴로도 활용하기 때문에 점심영업을 시작했다. 이외에도 세계맥주전문점 '와바' 를 운영하고 있는 ㈜인토외식산업도 파스타를 5000~7000원 대로 가격을 낮춰 분식 개념으로 풀어낸 '까르보네' 의 메뉴를 와바 직영점에서 점심시간 에 한해 식사메뉴로 제공 중이다. 낮에 간단한 식사에 맥주를 곁들이는 낮맥 트렌드에 맞춰 오전 11시부터 오후 5시까지 일부 안주류를 50%가격에 판매하는 이벤트도 진행중이다. ㈜인토외식산업 가맹사업팀은 직영점이나 안테나숍에 점심메뉴를 도입, 고객 반응을 살피고 있다. 주점이라는 특성상 점심장사가 어려웠는데 점심 메뉴 도입으로 운영 효율을 높일 수 있고 고객 반응을 반영해 새로운 영업 전략을 세울 수 있어 일석이조의 효과를 거두고 있다.

중저가대 프리미엄 안주와 고급주류가 인기를 끌 것으로 예상되는데 한동안 초저가 안주가 유행이었다면 중저가대 프리미엄 안주로 고급 주류 매출을 끌어 올리는 곳도 있다. 기존 스몰비어나 저가형 포차가 1만원 이하의 간단한 안주류로 3000~4000원 대 주류 매출을 올리는 박리다매식 영업전략 이었다면 앞으로는 1만 원 중반대의 소고기, 연어, 스테이크 등 프리미엄 안주로 고급 주류 판매를 늘리는 곳이 많아질 것이란 전망이다. 식사와 간단한 술을 함께 하면서 가성비 높은 안주와 맛에서 차별화 되는 고급 주류를 찾는 고객들이 늘고 있기 때문이다.

수제맥주 프랜차이즈인 '생활맥주' 는 한잔에 6000원 이상의 수제맥주와 1만 원대의 안주류를 선보이고 있다. 안주가 푸짐하고 맛있어야 주류 매출도 높아진다는 판단 하에 양과 퀄리티를 높인 중·저가대 프리미엄 안주를 제공하고 있다. 신세계백화점에 들어가는 고급 육포와 땅콩과 건포도를 곁들여 1만1000원에 판매중으로 평균 테이블 단가는 2만 원 이상이다.

지난 2016년 가맹사업을 시작한 '경성주막 1929' 는 이자카야

콘셉트에 맞게 사케와 어울리는 연어사시미를 1만 20000원에 제공,
부담없는 안주 가격으로 고급 주류 매출을 높였다.

<표2> 포차·주점 브랜드의 매출액

| 회사명 | 브랜드명 | 매출액 | | |
|---|---|---|---|---|
| | | 2015 | 2016 | 2017 (상반기) |
| ㈜이원 | 투다리 | 4,955,028 | 4,228,076 | 1,734,822 |
| ㈜데일리비어 | 생활맥주 | 2016 사업개시 | 2,022,299 | - |
| 리치푸드㈜ | 뉴욕야시장 | 2016 사업개시 | - | - |
| ㈜가업FC | 포차어게인 | 2015 사업개시 | 3,300,000 | 24,000,000 |
| PSP F&D | 경성주막 1929 | 2016 사업개시 | 1,287,922 | 8,000,000 |

자료: 월간식당, (2017), "주점 프랜차이즈 실적", 공정거래위원회 정보공개서, 금
감원 전자공시시스템기준, 76-77.

〈표3〉 포차·주점 브랜드의 매장수

| 회사명 | 브랜드명 | 매장수 | | |
|---|---|---|---|---|
| | | 2015 | 2016 | 2017<br>(상반기) |
| ㈜이원 | 투다리 | 1662 | 1632 | 1568 |
| ㈜데일리비어 | 생활맥주 | - | 66(1) | 83(3) |
| 리치푸드㈜ | 뉴욕야시장 | - | 27(1) | 67(1) |
| ㈜가업FC | 포차어게인 | - | 24(2) | 99(2) |
| PSP F&D | 경성주막 1929 | - | 17(3) | 35(3) |

자료: 월간식당, (2017), "주점 프랜차이즈 실적", 공정거래위원회 정보공개서, 금감원 전자공시시스템기준, 76-77.

## 2) 창업 동향

현재 창업시장은 '포차 프랜차이즈의 전성기'라고 해도 과언이 아니다. 길거리 포장마차의 모습을 재현해 옛 정취를 살리면서도 깔끔한 인테리어로 젊은 층은 물론 중, 장년층까지 다양한 고객층을 확보하고 있다. 포차의 특징인 '복고' 개념의 인테리어와 길거리 포장마차에서나 볼 수 있었던 메뉴들이 젊은층에게는 신선함을, 중장년층에게는 편안함과 흘러간 시간에 대한 그리움을 채워주는 공간으로 자리매김하고 있는 것이다. 장기적인 불황으로 이어지고 있는 현실에서 전문가들의 이구동성 주머니가 가벼운 서민들에게 포차는 정신적으로도 편안하고 안정적인 만족감을 준다.

포차 프랜차이즈는, 불황을 견디는 강한 브랜드이기도 하지만, 금방 잊혀지기 쉬운 아이템이기도 하다. 쉽다는 것은 금방 싫증이 난다는 뜻이기도 하다.

예비창업자들이 포차 프랜차이즈로 몰리는 까닭을 보면 경기침체가 계속되는 가운데 창업시장에서 가장 각광받고 있는 주점 프랜차이즈는 단연 실내포장마차다. 고객들의 주머니가 가벼워짐에 따라 창업시장도 포차 브랜드로 발 빠른 행보를 보이고 있기 때문이다. 생맥주보다는 소주에 대한 니즈가 커진 가운데 그에 걸 맞는 안주도 다른 퓨전주점에 비해 부담이 적다. 그렇다고 결코 포차가 가격이 저렴한 것도 아니다. 메뉴는 갈수록 다양하고 화려해진다. 그런 만큼 가격도 동반상승한다. 하지만 고객들에게 '포차'의 이미지는 가격이 저렴하고 편안하며, 다양한 메뉴를 부담스럽지 않게 즐길 수 있는 가격대비 만족도가 높은 곳으로 인식돼 있다.

또 포차는 그동안 '술'에 대한 집중도가 높아 남성들이 주로 즐겨가는 곳이다. 하지만 최근 포차 브랜드가 속속 생겨남에 따라 20~30대 여성고객들이 포차로 몰리고 있는 것이다. 재미있는 콘셉트의 인테리어와 다채로운 맛과 분위기가 있는 포차는 여성고객의 충성도를 높여 포차 시장에 활기를 불어 넣고 있다. 특히 입소문에 대한 충성도가 높은 만큼 포차 브랜드를 또한 젊은 여성 고객을 겨냥한 점포 콘셉트와 메뉴, 마케팅을 집중적으로 공략하면서 그 틈새로서 정착하고 있는데 그 성공이슈를 보면 중저가 프리미엄 시장에 있다.

## 3) 영업 동향

서민과 함께 하는 포차 · 주점의 역사를 보면 현대적 주점이 첫 선을 보인 건 해방 이후 1950~1960년대 포장마차가 탄생하면서 부터다. 초기에는 소주를 잔으로 판매하고 안주는 참새구이 정도로 간단한 형태였다. 그러나 1980년대에 접어들면서 30~40대 직장인들을 중심으로 포장마차가 대표적 서민 포차 · 주점으로 확고하게 자리매김을 했고 학사주점이라는 새로운 트렌드가 나타나면서 포차 · 주점은 대학가에서 더욱 활발히 꽃을 피웠다.

다소 칙칙했던 분위기의 대폿집에서 벗어나 세련된 인테리어로 대학생들의 발길을 이끌었고, 막걸리와 동동주를 중심으로 파전, 두부김치, 김치찌개 등 안주가 다양해졌다. 이런 가운데 생맥주가 도입되면서 맥줏집이 성황을 누렸다. 특히 고급 주류로 인식됐던 맥주를 한층 저렴하게 즐길 수 있다는 점에서 생맥주 시장은 급격한 성장가도를 달리게 됐다. 1990년대 한층 다양화된 주점 형태들이 속속 선을 보였으며 대표적인 형태가 바로 소주방이다. 레몬소주, 체리소주 등 다양한 칵테일 소주를 개발해 성공을 거뒀고 칵테일전문점이 새로운 주점 문화로 주목을 받는가 하면 와인바 형태도 도입되기 시작했다.

국내에 퓨전주점이 본격적으로 선보인 것도 바로 이 무렵인 1993년, 이자카야 콘셉트의 '천하일품'이 태동하면서 부터다. 천하일품은 당시로서는 획기적인 사진을 넣은 메뉴판과 다양한 메뉴, 저렴한 가격대를 강점으로 대학가를 중심으로 퍼져 나갔다. IMF 이후 '어쭈구리', '웬일이니', '형어디가' 등 저가형 퓨전주점들이 잇따라 론칭한 것이다.

주류로 차별화하는 것에 한계가 있었기 때문에 주점들은 메뉴차별화를 통해 주류 중심에서 안주 중심으로 콘셉트를 옮겨갔다. 포차·주점의 형태도 이에 따라 퓨전주점을 넘어 요리주점이 하나의 트렌드를 형성했으며 맛있는 안주 요리가 주목을 받음에 따라 일본식 선술집인 이자카야들이 인기를 누리기 시작했다.

2010년 초반에는 한식세계화 바람을 타고 전통주에 대한 관심도가 높아져 '청송얼음막걸리', '탁사발', '교동전선생' 등 30여 개의 전통주 주점이 등장했다. 그러나 전국적인 막걸리 열풍은 무리한 확장과 과당경쟁을 이기지 못하고 이내 사그라들었다.

2013년 이후 경기불황이 지속되면서 초저가의 가성비 높은 포차·주점이 인기를 끌었다. 주머니가 가벼워진 고객들은 가볍게 한 잔 마실 수 있는 분위기를 선호했고 여성고객을 중심으로 저도주 문화가 확산됐다. 청탁금지법 이후 직장인들의 회식분위기도 2차, 3차까지 가기보다 1차로 가볍게 마신 뒤 가족과 더 많은 시간을 보내는 것으로 사회적 분위기가 바뀌었다.

2~3년 전 '압구정 봉구비어', '상구비어', '봉쥬비어' 등 스몰비어가 3000~4000원대 크림생맥주와 5000원대 감자튀김 등 저렴한 메뉴를 앞세워 대학가, 직장인 고객들을 끌어 모았다면 1년 전 유행했던 저가형 포차는 더 저렴해진 초저가 안주와 B급, 복고풍 분위기로 인기를 누렸다.

업계는 포차·주점 시장의 저가 안주류, 초가성비 트렌드가 정점을 찍었다는 반응이다. 경성주막 1929는 과거 포차·주점 유행 트렌드를 살펴보면 저가, 초저가가 정점에 다다르면 고급프리미엄 시장으로 트렌드가 옮겨 가는데 지금이 그런 시기인 것이다.

이는 아직 경기불황이 지속되고 있어서 프리미엄급 고급 안주류를 1만 원 중저가대로 선보이는 이른바 프리미엄 중저가 시장이 트렌드로 자리 잡아가고 있는 모양새다.

최근에는 프리미엄 중저가 콘셉트의 주점이 대세다 가성비 높은 안주 대신 주류 판매로 수익을 확보하는 구조다. 경성주막 1929의 경우 사케와 잘 어울리는 연어사시미, 차돌과 숙주를 푸짐하게 올려주는 차돌숙주데판야키를 1만1000원~1만2000원에 제공하면서 고급 주류인 사케를 부담 없이 주문할 수 있도록 만들었다. 사케는 단가도 높을 뿐만 아니라 가격의 50%정도가 이익으로 남기 때문에 판매가 많이 될수록 수익이 많이 남는다. 수제맥주 프랜차이즈로 인지도를 높여가고 있는 생활맥주도 1만6000원의 치킨 메뉴 앵그리버드와 1만 원 중반대의 안주류를 제공하면서 한 잔에 6000~7000원대의 수제맥주를 판매한다. 기존 3000~4000원대인 일반 생맥주보다 가격이 높아서 금세 테이블 단가는 2만 원이 넘어간다. 고객들이 단가가 높은 주류를 부담없이 주문할 수 있도록 중저가 안주류를 푸짐하게 제공해서 주류 추가 주문을 유도하는 방식이다.

# 3. 불황에 직격탄 맞은 포차·주점 업계 현황

불황이 심화될수록 가장 타격을 받는 곳은 포차·주점 업계다. 2016년 포차·주점 프랜차이즈 상위 10곳의 폐점률은 무려 22%로 나타났다. 주점 업계에서는 〈쪼끼쪼끼〉, 〈투다리〉, 〈간이역〉등 이른바 '1세대 주점' 브랜드들은 특히 난항을 겪고 있다.

## 1) 1세대 주점 사양길

〈쪼끼쪼끼〉를 운영하는 태창파로스는 3년째 매출액이 내리막을 달리고 있다. 지난 2015년 연매출액은 83억원으로 전년도에 비해 21% 하락했고, 2013년 연매출은 106억원으로 전년도에 비해 25% 하락했다. 가장 높은 매출을 기록한 것은 2000년 469억원이다. 게다가 지난 2015년 49억원, 2013년 71억원, 2012년 50억원씩 손해를 내고 적자기업이 됐다. 현재 가맹점 수는 321개로 최대 700개 였던 것에 비하면 반토막 수준이다. 가장 많은 가맹점을 지닌 〈투다리〉는 2009년 1899개에서 2013년 1726개로 해마다 매장수가 줄고 있다. 본사인 이원의 매출액도 2000년에 87억원을 기록한 이후 점차 감소해 지난 2015년에는 50억원으로 집계됐다. 영업이익률과 순이익률은

2010년부터 마이너스를 기록하다가 2013년 들어서야 흑자로 돌아섰다. 781개 매장을 보유한 〈간이역〉도 2011년 74억원에서 2013년 64억원으로 14% 감소하는 양상을 보였다.

## 2) 2세대 포차·주점은 간신히 현상 유지

우리나라 음주 문화는 점차 '가벼운' 방향으로 변하고 있다. 알콜도수는 약해지고 술자리 차수는 줄었다. 마케팅인사이트가 1만 6486명을 대상으로 조사한 결과, 술자리에서 1차까지만 참석하는 비율은 매년 증가해 2015년에는 49.1%로 나타났다. 즉, 예전에는 1차로 식사를 하고 2차로 술을 마시는 코스였다면, 점차로 1차 식사에서 술을 함께 마시는 경우가 늘고 있는 것이다.

그 예가 바로 2세대 주점, '퓨전요리주점'이다. 수준을 높인 요리 안주를 제공함으로써 1차로 방문해 식사와 술을 함께 해결할 수 있게 했다. 대표적인 요리주점 브랜드는 리치푸드의 〈피쉬앤그릴〉, 에프앤디파트너의 〈와라와라〉다. 리치푸드는 지난 2015년 346억원의 매출을 기록하면서 주점업계 매출 1위 자리에 올랐다. 에프앤디파트너도 연매출 301억원으로 뒤를 바짝 추격했다. 하지만 주점업계 1위인 리치푸드조차 매출성장률이 1.4%로 낮은 성장률을 기록했다.

## 3) 3세대 포차·주점 야시장 브랜드의 경쟁 포인트

불경기 속 이렇다 할 새로운 외식 트렌드가 부재했던 가운데 이국적인 문화와 음식으로 대중들에게 어필하고 있는 야시장 브랜드의 출점과 성장이 두각을 보이고 있다. 이에 야시장 브랜드의 향후 전망과 롱런하기 위한 과제에 대해 야시장 업소에서 재현해 낸 이국의 문화 속에서 술과 음식은 소통의 도구로서 잘 연출되고 있지만 지역을 대표할 음식이 빠져있다면 현지의 정취는 물론 야시장에 대한 이미지조차도 반쪽짜리로 남게 될 것이다.

이국의 음식 문화를 선보이는 '야시장'이 늘어나고 있는데 그 이유는 우선 현재 생겨나는 야시장 업소의 형태는 스몰비어의 변형 타입이다. 스몰비어 시장은 어느 정도 자리를 잡았지만 점점 더 빠른 속도로 새로운 것을 찾아 떠나는 소비자의 니즈를 따라가다 보니 최소한의 노력으로 새로운 콘셉트를 선보일 수 있는 것이 필요했다. 실제 야시장 업소를 방문해 보면 특색 있는 음식 몇 가지를 제외하고는 스몰비어에서 선보이는 메뉴와 유사하다.

한 가지 눈에 띄는 점은 제각각 이국의 음식 문화에 주목하고 있는 점이 과거 미국을 보는 것 같다. 미국에서는 150년 전부터 이국음식에 주목했으며 음식의 집합군을 구분해 왔다. 멕시칸 요리, 아시

안 요리, 동남아 요리, 중국 요리 등 4종류로 구분이 뚜렷하다. 유명한 멕시칸 요리전문점은 100년씩 된 곳도 있다. 우리나라는 1990년도에 쌀국수 전문점이 국내에 들어왔고 이후 인도 카레가 들어왔다. 이후 일정 기간이 지나면서 다양한 주점 형태가 생겨났는데 이러한 흐름이 미국과 유사하다.

야시장이라는 이미지 자체가 음식만 얘기하는 것이 아니다. 여행을 가서 전통시장을 들르는 것과 같다. 시장은 먹거리도 있지만 그 지역의 문화를 체험할 수 있는 장소다. 마찬가지로 야시장 업소들도 지역별 고유의 음식을 다룸으로써 그 나라의 문화와 습관이 묻어나 분위기를 연출하고 있다. 지역 특색에서 비롯된 다양성, 현지에서 느꼈던 추억이 혼재되며 소비자의 만족도를 높인다. 이러한 정서적인 느낌이 야시장의 매력이다.

일단 야시장 업소에 가보면 처음 들어가서 느끼는 것이 이색적이라는 점이다. 생소한 음식일지라도 호기심이 생겨 일단 시켜보게 된다. 무엇보다 음식이라는 매개체는 사람들에게 친근하게 다가갈 수 있게 만드는 장점이 있다. 현지 음식을 가운데 두고 여행지에 얽힌 이야기보따리를 풀어내게 하는 식이다. 그런 면에서 야시장 업소는 술과 음식이 소통의 도구로서 잘 연출되어 이용되고 있는 것이다.

지금은 지역의 특색있는 음식 몇 가지를 선보이며 문화적인 분위기를 연출하는 정도에 그쳐 있다. 향후 지속적으로 자리 잡기 위해서는 보다 전문성을 갖추고 현지의 색깔을 제대로 보여 줘야 한다. 물론 국내에서 혐오 식품으로 분류되어 반입이 금지된 식재료가 많아 현지 음식을 모두 다루기는 어렵다. 그러나 선술집처럼 고객이 쉽게 드나들었으면 하는 생각에 대중화에 치중하고 무조건 문턱을 낮추려고만 한다면 결국엔 모호한 콘셉트로 시장에서 도태될 수 있다. 지역을 대표할 만한 특이 음식이 없는 곳은 현지의 정취를 느낄 수 없을 뿐만 아니라 야시장 이미지도 정확하게 표현하지 못해 반쪽짜리로 남을 것이다. 현지식 원메뉴와 변형된 메뉴를 함께 두고 고객에게 선택권을 주면 된다. 즉, 현지의 맛과 국내에 맞춰 대중화한 맛이 공존해야 한다.

포차를 비롯한 주점 프랜차이즈 브랜드와 관련해 가장 먼저 떠오르는 인식 중 하나는, 메뉴 퀄리티가 떨어진다는 점이다. 매출의 수익구조가 메뉴보다 술을 많이 판매하는 것에 초점이 맞춰져 있기 때문에 양질의 요리를 내는 것보다는 저렴한 가격으로 적정 수준 퀄리티의 메뉴를 내는 것이 매장 운영적인 측면에서도 훨씬 더 효율적이기 때문이다. 이러한 요인으로 인해 포차, 주점 프랜차이즈는 주류업체의 대출을 받기도 훨씬 더 용이하다. 본사 차원에서는 주류업체의 대출을 일정 부분, 예비 창업자의 신규 매장 오픈에 활용할 수 있기 때문에 가맹점 수를 확대하는데 있어서도 포차·주점 프랜차이즈는 나름의 강점을 지니고 있다.

최근의 퓨전포차 프랜차이즈 브랜드들은 크게 두 가지 분류로 나눌 수 있다. 우선, 1만5000원~2만5000원 대의 가격구성으로 메뉴 퀄리티를 요리의 수준으로까지 지향하는 브랜드가 있는가 하면, 1만 원대 이하의 저가메뉴 구성을 통해 지갑이 가벼운 고객들의 만족도를 높이고자 하는 곳들도 있다. 게다가 인테리어의 측면에서 보면, 레트로 혹은 앤틱 등 고유한 콘셉트로 분위기를 연출하는 곳이 있고 또 다른 한편으로는 복고풍, 더 나아가 키치한 느낌의 B급 정서 분위기로 매장 내, 외부를 꾸며놓는 곳이 있다.

물론 타이포그래피나 디자인이 '카피라도 한 듯' 비슷비슷한 곳 또한 없지 않다. 이처럼 흔한 콘셉트, 디자인으로 기획된 퓨전포차 브랜드는 예비 창업자의 입장에서 그리 '오래 가지 못할 것 같은' 느낌을 주기도 한다. 저가메뉴로 기획, 구성된 브랜드라고 하더라도 디자인과 인테리어를 꼭 유심히 살펴봐야 할 필요가 있다. 이제 고객들은 음식, 술만 먹으러 오는 것이 아니라 분위기를 즐기러 오기 때문이다.

퓨전포차와 스몰비어는 서로 비슷한 듯 약간 다르다. 페일에일 등의 수제맥주를 취급하는 스몰비어는 20~30대 젊은 층을 타깃으로 하여 안주류 또한 튀김이나 나쵸 등 가벼운 음식을 낸다. 반면, 퓨전포차는 스몰비어보다 더 넓은 연령대의 고객을 타깃으로 하고 있기 때문에 메뉴에 있어서도 탕 요리, 면 요리, 튀김은 물론 식사를 할 수 있는 일품요리까지 마련해야 한다.

스몰비어에 비해 다양한 연령대의 고객들을 흡수할 수 있다는 점, 그리고 일품요리를 비롯해 메뉴의 객단가를 좀 더 끌어올릴 수 있다는 점 등은 퓨전포차 프랜차이즈가 가지는 또 하나의 강점이다.

최근, 대다수의 프랜차이즈 브랜드들이 메뉴 퀄리티를 끌어올리는데 주력하고 있는데 반해 전혀 다른 부분들을 공략하며 확장세를 넓혀가고 있는 브랜드도 있다. 특히 3900원의 저렴한 메뉴 가격대, 그리고 원팩으로 제공되는 식재료로 조리를 한결 더 쉽게 만들어줌으로써 7개월 만에 100호점을 돌파한 '삼구포차'는 가성비를 중요하게 생각하는 최근의 경향을 잘 반영해 성공하고 있는 사례라고 할 수 있다. 단, 예비 창업자라면 가맹점의 확장 속도만 볼 것이 아니라 오픈 이후의 안정적인 운영이 가능한지 그리고 시장의 포화상태는 아닌지, 동일 브랜드 간 영업지역 보호는 되고 있는지 까지 면밀히 살펴보아야 한다.

# II

## 포차·주점의 경쟁 포인트

# 1. 맛보다 분위기

포장마차의 사전적인 뜻은 '비바람, 먼지, 햇볕 따위를 막기 위하여 포장을 둘러친 마차'이다. 예전에는 여유있는 동네 골목에서 흔히 볼 수 있었지만, 이제는 역 앞이나 번화가 등에서나 볼 수 있다. 그마저도 예전의 저렴하고 가벼운 분위기는 사라진 지 오래라 가벼운 마음으로는 가기 어렵다.

요즘 세대들은 포장마차가 어떤지 드라마나 영화를 통해서나 알 수 있다. 그마저도 여의치 않다면 포장마차의 분위기를 잘 나타낸 그룹 노라조의 '포장마차' 가사를 살펴보면 포장마차를 가 본 적이 없어도 알 수 있는 그 분위기를 그대로 잘 드러내고 있다.

## 1) 익숙하고 친근한 그곳, 포차 · 주점

드라마나 영화에서 주인공이 가장 불쌍한 모습으로 술을 마시는 곳이 바로 포장마차다. 소주 한 병과 안주 하나를 시켜놓고 혼자 술을 마시는 주인공의 고뇌가 한없이 느껴지는 것은 두말할 것도 없다. 이렇게 포장마차는 우리 주위에서 가장 가깝고 친근하며 편안하게 느낄 수 있는 곳이다. 주머니가 가벼울 때도 배가 고플 때도 쉽게 찾을 수 있기 때문이다.

기존의 포장마차 자체가 합법적인 것이 아니었기 때문에 요즘 예전의 그 포장마차를 찾는 것은 쉬운 일이 아니다. 대신 그때의 포장마차에서 느꼈던 분위기를 느낄 수 있는 포차 브랜드가 등장하면서 꾸준히 인기를 끌고 있다. 인테리어와 안주에서 느껴지는 복고 분위기는 지금의 젊은이들에게도 좋은 반응을 얻고 있다.

어느새 주점의 대표 아이콘이 된 포차는 손으로 꼽기도 어려울 만큼 수많은 브랜드가 있다. 그중 대표적인 포차 프랜차이즈 브랜드라고 할 수 있는 〈수상한 포차〉, 〈구노포차〉, 〈사나포차〉 등은 업종과 브랜드의 특성을 잘 살려 불황일수록 더 많은 가맹점주를 모집하고 더 많은 고객을 모으면서 꾸준히 매장을 확대하고 있다.

## 2) 간편하게 먹고 갈 수 있는 포차·주점 인기

2000년에 20여개에 불과했던 수입맥주 종류는 200여종으로 늘어난 상태다. 와인은 2000년대 초반부터 대중적으로 붐이 일어나면서 중반에 정점을 찍었다. 1990년대 후반에서 2000년 초에는 국순당, 배상면주가 등 규모있는 전통주 제조 회사들이 출시한 백세주, 산사춘 등 대표 전통주 브랜드가 만들어지면서 전통주의 시대가 열렸다.

또 2000년대 중반부터는 막걸리가 주목받았다. 저렴하면서 맛있다는 평가를 받는 막걸리는 다양한 종류와 기능성까지 첨가한 새로운 막걸리가 연이어 등장했다. 열풍은 다소 주춤해졌지만 실제 소비율은 늘어 그 인기는 여전하다. 막걸리의 인기를 이어 2000년대 후반에는 사케가 대중적인 관심을 모았다. 10년 사이 사케 수입량이 20배 이상 늘어났고 매년 두 자리 수 이상 증가세를 보였다. 그리고 최근에는 다시 소주와 맥주를 찾는 사람들이 늘었는데, 이른바 '소맥(소주와 맥주를 섞은 폭탄주)'의 인기에 힘입어 동반 상승이 눈에 띄고 있다.

(주)성공창업의 〈Mr.객잔〉은 화려하고 강렬한 불빛의 홍등과 독특하고 차별화된 메뉴판 등의 인테리어가 이목을 집중시킨다. 꼬꼬에프앤비의 〈맛닭꼬〉는 3년간의 연구개발 끝에 선보인 베이크치킨의 차별화 된 맛과 저렴한 가격, 편안한 분위기 등으로 고객의 재방문률을 유도한다. (주)홍탕의 〈홍탕〉은 한돈 인증을 받은 국내산 돼지고기를 홍삼분말로 염지해 잡냄새를 제거하고 트렌드에 맞춘 다양한 메뉴로 폭 넓은 연령층을 흡수하고 있다.

## 3) 포차 · 주점시장 핫키워드 포장마차 전문점

한국인의 정서를 고스란히 담은 포장마차는 서민들의 희로애락을 함께하며 창업시장에서도 꾸준히 사랑받아 왔다. 최근에는 포차의 기본 골격에 브랜드별 핵심요소를 다양하게 가미하면서 주점 시장의 '핫키워드' 로 떠오르고 있다.

포장마차는 한국인의 정서를 담은 주점시장의 오랜 스테디셀러 아이템이다. 서민적인 분위기에 30~40여 가지의 다양한 요리를 저렴한 가격에 제공해 주머니가 가벼운 고객들에게 꾸준한 사랑을 받고 있다.

프랜차이즈화 한 포장마차가 주목받기 시작한 것은 15년 전 〈한신포차〉가 실내포장마차의 대표 브랜드로 이름을 알리면서 부터다. 이후 포장마차 브랜드가 연이어 론칭하기 시작했고 이후 약 3~4년 전부터 〈수상한포차〉, 〈칠성포차〉, 〈포포차〉등 후속 브랜드들이 공격적인 가맹사업을 전개하며 시장 확대에 나서고 있다.

포차는 신선한 생물 해산물을 주로 취급하는 포장마차와 매운맛을 강조한 볶음류를 주로 취급하는 포장마차로 크게 구분된다. 하지만 최근에는 '포차' 라는 아이템의 특성이나 운영방식을 정의하기가 쉽지 않을 만큼 융·복합화 된 것이 특징이다.

이에 포차라는 아이템이 주는 기본 콘셉트에 차별화된 경쟁력을 추가해 브랜드를 론칭하고 있으며, 일반 주점형태에도 무조건 '포차'라는 키워드를 상호에 집어넣어 모객에 활용하는 사례가 늘고 있을 정도로 포차에 대한 관심이 대폭 증가한 상황이다.

최근 창업시장에서 포장마차가 주목 받는 것은 다소 '새삼스러워' 보인다. 기존 시장에서 보기 힘든 새로운 콘셉트도 아닐뿐더러, 진입할 시장 경쟁도 이미 치열하기 때문이다. 그럼에도 불구하고 최근 '포차·주점이 뜨는 이유' 는 다음과 같다.


① 리딩브랜드의 성공 : 여느 프랜차이즈가 그렇듯 선도 브랜드가 제대로 자리 잡은 것이 이후에 시장에 크게 영향을 미친 것으로 보인다. 〈한신포차〉를 필두로 후발주자 중 〈수상한포차〉 등이 공격적인 가맹사업을 펼치면서 이에 영향을 받은 후속 브랜드들이 연이어 론칭했다.


② 롱런할 수 있는 대중성 : 포차가 가장 대중적인 것을 추구한다는 점도 창업선호도에 큰 영향을 미친 것으로 보인다. '친서민', '따뜻함' 을 추구하는 포차는 시대의 흐름에 비교적 영향을 덜 받고 꾸준히 장수할 수 있기 때문에 예비창업자들이 선호하고 있다.

③ 융통성 있는 아이템 : 포차의 가장 큰 장점은 융통성이 좋다는 것이다. 타깃 고객층, 상권의 영향을 비교적 덜 받으며 접근성이 좋은 것은 물론, 경영자의 입장에서 경기의 흐름에 따라 쉽게 변신할 수 있다는 점도 장점이다. 대중적인 코드를 지향하기 때문에 불황과 호황이 크게 영향을 받지 않을뿐더러 고객의 니즈와 트렌드 변화를 쉽게 반영할 수 있다.

최근 몇 년 새 론칭하고 있는 포차는 기존의 정형화된 콘셉트가 아닌 브랜드만의 차별성을 장착한 것이 특징이다.

향수를 자극하는 복고풍 콘셉트와 인테리어로 이목을 끄는 곳은 〈칠성포차〉, 〈청춘포차〉등이 있으며, 싱싱한 해산물을 메인으로 취급하는 브랜드는 〈수상한포차〉와 〈새벽을 여는 시장 사람들〉 등이 있다. 여기에 샐러드바 무한리필 콘셉트로 불경기에 푸짐함을 내세운 〈포포차〉, 〈쌍쌍포차〉도 새로운 형태의 포차로 인기몰이 중이다.

포차는 '한국적'이라는 고정관념을 깨고 뉴욕스타일 포차를 지향하는 〈세븐트레인〉도 강남의 핫플레이스로 이목을 끌고 있으며, 포차에 '캠핑' 개념을 더한 이색포차인 〈캠핑포차〉도 최근 창업시장에서 주목받고 있다. 이처럼 후발주자들이 장착한 새로운 경쟁력이 창업시장에서 주목받기 시작하면서 스테디셀러 아이템이었던 포차시장도 점차 재편성되고 있다.

대동소이한 브랜드 사이에서 효과적인 모객 방법은 고객의 이목을 끌 수 있는 이슈를 만들어 내는 것이며 최근 론칭하는 브랜드명 앞에 콘셉트를 설명하는 다양한 수식어가 붙는 이유도 이 때문이다.

최근 포차전문 프랜차이즈뿐만 아니라 독립점포에서도 포차 브랜드가 우후죽순으로 생겨나면서 일시적인 트렌드로 그치는 것이 아니냐는 업계의 우려가 적지 않다. 최근 포차가 창업시장에서 이목을 끌고 있는 만큼 이색 콘셉트를 통해 모객에 성공할 수는 있지만, 이를 지속할 수 있는 경쟁력이 뒷받침 돼야 한다. 메뉴경쟁력과 서비스경쟁력이 바로 그것이다. 일시적으로 고객의 시선을 잡을 순 있어도 재방문 요인은 결국 '맛' 이라는데 이견은 없다. 특히 포차의 경우 대부분 식사를 하고 온 2차 고객이 많은데, 1차 고객을 매장으로 이끌 수 있는 메뉴 개발이 최근 포차전문점들의 주요 과제다. 이를 위해 많은 포차전문점에서 메뉴 R&D에 힘을 쏟고 있다. 고품질의 식자재 사용은 물론, 독창적인 메뉴라인을 강화하는 등 '우리매장에서만 먹을 수 있는 메뉴' 를 선보이기 위해 동분서주하고 있다. 포차가 당분간 주점창업시장 흐름을 이끌어 갈 것은 기정사실로 보인다. 다만 메뉴개발이나 시스템에 대한 고민 없이 '포차' 라는 키워드만 좇는 본사의 경우 롱런하기 힘들다.

## 2. '초가성비' 저가형 포차, 주점시장 접수하다

최근 트렌드인 저가형 포차가 주점시장을 장악한 상태다. '모든 메뉴 3900원', '대형마트보다 싼 포차', '싸다구' 등 저렴한 가격을 전면에 내세운 브랜드들이 우후죽순 생겨나면서 주점업계가 저가형 포차 중심으로 재편되고 있다. 3900원, 2900원, 1900원도 모자라 1000원 메뉴까지 등장했다. 가성비를 넘어 '초가성비'를 추구하는 저가형 포차는 불황기 주점업계에 새로운 대안을 제시할 것인가, 그렇지 않으면 스몰비어처럼 반짝 인기에 그치고 말 것인가.

### 1) 포차 · 주점시장까지 불어 닥친 가성비 열풍

저가형 포차 · 주점이 과거에 없었던 것은 아니다. 20년 전에는 어쭈구리와 천하일품이, 10년 전에는 해리피아 등 저가 주점이 주점시장을 장악했었다. 저가 주점이 다시 주목받기 시작한 것은 최근의 일이다. 2015년 말 가맹사업을 시작한 삼구포차와 포차어게인이 1년이 채 안 돼 각각 100개, 60개로 점포수를 늘리며 판을 벌여놓자 맛나슈퍼, 아맛나슈퍼, 삼오칠싸롱 등이 뒤따라 가맹사업에 뛰어들면서 파이를 키워가고 있다. 주목할 것은 가격이 아닌 가성비다.

과거 저가형 주점이 단순히 가격만 저렴한 초저가였다면 지금의 저가형 포차는 가격도 싸고 성능도 좋은 초가성비라는 점이다. 중가 포차 콘셉트의 수상한 포차를 200호점까지 전개하다 최근 저가 포차인 삼오칠싸롱을 새롭게 선보인 (주)케이제이에프앤비는 과거에 비해 식품업체의 기술이 눈에 띄게 향상된 데다 전문성을 가진 셰프들이 많아지면서 음식의 질이 상향평준화됐다. 따라서 과거 어쭈구리 가격대로도 훨씬 양질의 안주를 제공할 수 있게 된 것이다.

가성비를 따지는 것은 소비자뿐이 아니다. 창업자들 역시 가맹비와 인테리어 비용이 높은 브랜드보다는 최소 비용으로 최대 효과를 얻으려는 소자본 창업 쪽으로 눈을 돌린 지 오래다. 소자본 창업의 대표격인 스몰비어와 비교했을 때 보다 넓은 매장을 비슷한 비용으로 창업할 수 있는 데다 매출과 수익률 또한 좋으니 주점 창업을 희망하는 이들이 저가형 포차로 몰리는 것은 당연하다. 또 $33\,\text{m}^2$(10평)면 오픈 가능한 스몰비어에 비해 다소 높은 진입장벽으로 최소한 골목상권 안에서 싸울 우려는 적다. 최대 700호점까지 몸집을 키웠던 스몰비어 브랜드와는 달리 대다수의 저가형 포차 프랜차이즈 본사에서는 "규모와 상권 특성상 200호점 이상은 무리"라며 100~200호점을 적정선으로 보고 있다.

## 2) 복고풍·B급, 젊은층에게는 '새로운' 향수

복고풍 또는 B급 등 개성 강한 인테리어 또한 저가 포차·주점의 특징이다. 포차어게인과 삼구포차 등은 만국기, 영화 포스터, 우체통, 공중전화 등 70~80년대를 연상케 하는 소품을 곳곳에 활용해 옛날 영화 세트장에 와 있는듯한 기분을 들게 했고, OK포차의 경우는 B급 카피가 눈에 띄는 각종 홍보물로 튀는 분위기를 연출했다. 슈퍼마켓 콘셉트를 접목하는 곳들도 있다. 맛잡이슈퍼, 아맛나슈퍼, 맛나슈퍼 등은 '추억의 불량식품' 아폴로, 쫀드기, 건빵 등을 쌓아 놓은 매대에서 원하는 간식거리를 1000원에 사 먹을 수 있도록 해 복고적 분위기에 재미까지 더했다. 아맛나슈퍼는 '응팔'의 영향으로 요즘 대학생들도 HOT와 젝키 노래를 즐겨 들을 정도이며 TV에서만 보던 복고 분위기를 포차 주점에서 실제로 접하며 즐긴다.

포차·주점 브랜드가 증가하면서 복고와 B급, 슈퍼마켓을 넘어 자신만의 색깔을 담아 낸 브랜드도 눈에 띈다. '비 내리는 길거리 포장마차'를 표방한 포차어게인은 실제 매장에서 비가 내리는 독특한 분위기로, 삼오칠싸롱은 외식업에서는 흔히 시도하지 않는 채도 높은 파란색에 옛날 롤러 스케이트장과 야구장 펜스, 에디슨 전구 등을 접목한 카페풍 인테리어로 여타 포차와 차별화를 시도했다.

### 3) 스몰비어 약점 보완한 진화형 모델

이들 포차·주점 브랜드들은 스몰비어의 장점은 살리고 단점은 보완한 진화형 모델로 평가받고 있다. 기존 스몰비어는 가격은 쌌지만 제대로 된 먹을거리가 없었다. 안줏거리가 기껏 감자튀김에 치즈스틱, 쥐포튀김 같은 튀김류 정도로 짧고 가볍게 마시기엔 좋지만 식사를 겸하며 느긋하게 앉아 있을 만한 곳은 아니었다. 또 메인 주종이 맥주이다 보니 겨울에 약했다. 하지만 포차는 다르다. 싼 메뉴 가운데서도 튀김은 물론 구이, 볶음, 탕에 도시락과 라면 같은 식사 메뉴까지 선택할 수 있다. 호프 분위기가 아닌 포차 분위기라 주류도 자연스럽게 맥주가 아닌 소주를 주문하며, 이에 따라 오히려 겨울에 더 강한 면모를 보인다.

그렇다면 기존 스몰비어 매장을 포차로 전환할 수도 있는 걸까? 결론부터 말하자면 쉽지 않다. 삼구포차는 스몰비어가 튀김기만 있으면 운영이 가능한 구조였다면 다양한 안주류를 갖춘 포차의 경우 튀김기에 화구, 그릴 등 기본적인 주방 설비를 갖춰야 가능하다. 대부분의 브랜드가 82.5㎡(25평) 이상의 중대형으로 가는 것도 이러한 이유다. 생각보다 주방이 넓기 때문에 기존 면적이 좁으면 불가능하다.

현재까지 운영되고 있는 스몰비어 매장들은 양도·양수, 업종전환
도 불가능해 매물이 빠지기만을 기다리고 있는 상황이다. 이미 유행
이 끝난 브랜드를 양도해 운영할 사람이 없는 데다, 대다수의 점주
들이 본사의 대출을 끼고 창업한 생계형 창업 특성상 업종 전환 시
소요되는 새로운 창업비용을 감당할 여력이 있을 리 만무하다. 물건
을 내놓은 점주들은 초기 권리금 회수는 커녕 바닥 권리금만 받고
나가도 다행이기 때문이다.

이러한 가운데 스몰비어에 이은 제2브랜드 론칭으로 또 다른 가맹
사업을 시작하려는 곳도 있다. 상구비어를 운영하는 상구패밀리는
최근 복고포차 콘셉트 '찬수씨 싼술을 부탁해'의 가맹사업을 개시
했다. 이 브랜드는 가맹개설 2개월 만에 30개점의 가맹계약을 체결
했다.

죽어가는 스몰비어를 자사의 포차 브랜드로 흡수하고자 스몰비어
규모에 적합한 소규모 타입의 가맹모델을 개발하는 곳도 있다. 아맛
나슈퍼는 66㎡(20평) 이하의 매장에도 운영 가능하도록 가맹개설에
유연성을 두고 있으며, 삼구포차도 메뉴 가짓수를 줄여 운영을 간소
화한 시즌2를 론칭 중이다.

저가형 포차·주점의 평균적인 테이블 단가는 2만8000원 선으로
높아도 3만원을 넘지 않는 것이 보통이다. 단가가 낮다 보니 주머니

가 얇은 대학생을 타깃으로 하는 것이 일반적이다. 실제 저가형 포차를 찾는 이의 절반 이상이 20대 초반의 대학생들로 많게는 대학생 고객 비율이 90% 이상인 곳도 있다.

저가 포차·주점 브랜드들이 너나할 것 없이 대학가로 몰리면서 벌써부터 나눠먹기식 경쟁구조를 보이는 곳도 나타날 정도다. 홍대입구역 상권의 경우 마포구 잔다리로와 양화로, 와우산로에만 15여 개의 포차가 몰려 있으며 이 중 7개 정도가 최근 론칭한 저가형 포차 브랜드다. 가장 먼 두 곳의 거리가 직선거리로 270미터, 도보로는 5분 거리다.

건대입구 상권도 상황은 마찬가지다. 건대입구역 1번 출구와 2번 출구 사이에 꼼보포차와 아맛나슈퍼, 맛나슈퍼, 맛잡이슈퍼가 몰려 있으며 네 곳 모두 도보로 5분 이내의 거리다. 경희대에도 삼구포차, 삼오칠싸롱, 꼼보포차 등 세 곳의 포차가 들어섰다.

문제는 매출이다. 공급이 수요를 넘어서면서 한창 바빠야 할 시간임에도 고작 1~2테이블에 그치는 곳들도 적지 않다. 일부는 최소한 석 달은 간다는 '오픈발' 조차 찾아볼 수 없다. 맛잡이슈퍼는 애써 만들어 놓은 브랜드를 마구잡이로 카피하는 아류 브랜드들이 등장함에 따라 생겨나는 어쩔 수 없는 상황이 발생하기도 한다. 무분별한 베끼기와 무리한 점포확장이라는 고질적인 문제가 포차 시장에서도 어김없이 나타나고 있는 것이다.

저가형 포차·주점 프랜차이즈 본사들은 하나같이 ‘최소 비용 최대 효과’를 내세우며 불황에 강한 면모를 강조한다. 중고가 주점 브랜드에 비해 가맹비와 인테리어 비용이 낮은 데다 A급 상권의 1층이 아닌 B급 상권의 2층에 주로 입점하기 때문에 임대료도 상대적으로 저렴하다. 단가가 낮은 특성상 초기 투자비를 최대한 줄여 손익분기를 앞당기지 않으면 살아남을 수 없다. 타산을 맞추기 위해서는 A급 입지에는 들어가고 싶어도 들어갈 수 없는 구조다. 상당수의 포차가 1층이 아닌 2층에 위치해 있는 것은 이러한 특성 때문이다.

창업비용에 대한 부담이 덜한 탓에 기존 주점 브랜드에서 갈아타는 이들도 적지 않다. 요리주점의 경우 주방시설은 살린 채 인테리어만 바꾼다면 1개월 이내에도 신규 오픈이 가능하다. 실제 수작요리 주점, 호프주점, 무한리필연어점 등을 운영하다 저가형 포차로 갈아탄 점주들이 상당수며, 포차 본사들도 업종전환을 고려하는 이들을 타깃으로 가맹영업을 전개하는 양상이 뚜렷하다. 중가 콘셉트의 수상한 포차에 이어 저가 전략의 삼오칠싸롱을 새롭게 선보인 케이제이에프앤비의 경우 수상한포차에서 삼오칠싸롱으로 전환하는 경우 가맹비와 교육비를 면제해주는 혜택을 제공함으로써 트렌드에 맞춘 브랜드 변경을 적극적으로 권하고 있기도 하다.

하지만 저가형 포차 붐이 언제까지 이어질지는 의문이다. 포차어게인은 점차 짧아지는 외식 주기를 감안했을 때 지금처럼 인기를 끌 것이라고는 생각하지 않는다. 현재까지는 콘셉트와 인테리어로 주목을 받았다면 시스템과 신메뉴 개발에 집중해 시장을 선도해 나갈 수 있어야 한다.


## 3. 포차 · 주점의 톡톡 튀는 색깔과 서비스로 승부

### 1) 포차 · 주점, 톡톡 튀는 색깔로 경쟁

포차 · 주점은 다른 포차 · 주점 창업에 비해 소자본 창업이 용이하고, 메뉴 구성면에서도 길거리 포장마차와 같이 어렵지 않은 특징이 있다.

'1m훈제왕꼬치' 등 다른 곳에선 맛볼 수 없는 독특한 메뉴 구성과 수 십 가지 셀프 요리가 가능한 '무제한 셀프바'로 장안에 화제가 되고 있는 〈포포차〉는 고객들이 열광하는 치킨 콘셉트에 포차이미지를 덧씌워 젊은층으로부터 각광받는 〈포차in허닭〉으로 단연 고객들에게 신선함과 재미를 가져다주어 다양한 연령층으로부터 인기를 모으고 있다. 또 개그맨과의 파트너십을 활용해 고객들에게 엔터테이먼트적인 요소로 즐거움과 웃음을 제공하고 있는 〈락개그포차〉는 캠핑 노하우를 접목해 젊은 충은 물론 가족, 캠핑족들에게도 인기를 불러오고 있는 〈캠핑포차〉 등등 자기만의 색깔이 분명한 포차 브랜드의 이색 공간과 다양한 맛과 이야기 거리는 경쟁력이 되기에 충분하다.

## 2) 지속성장 아이템의 특화된 메뉴, 분위기, 서비스

최근 포차·주점 프랜차이즈가 창업시장에 두각을 보이는 이유는 주머니가 얇아진 불경기에 많은 것을 원하는 고객을 꾸준히 사로잡을 수 있는 좋은 창업아이템이기 때문이다. 고객은 이기적이다. 좋은 품질의 음식을 부담 없이 싸게 먹길 원하기 때문에 포차가 승승장구하고 있다. 포차·주점 프랜차이즈와 일반 주점의 차이점은 포차는 전문적인 생맥주와 대표메뉴를 가진 일반적인 주점과 다르다는 것이다.

현재 개인독립점포 포차·주점도 우후죽순 생겨나 치열한 경쟁을 벌이고 있다. 시장에서 살아남기 위해 갖춰야할 경쟁력이라면 무엇이 있을까? 포차는 누구에게나 쉽게 다가설 수 있는 서민적이고 소박한 느낌을 주는 공간이다. 그러나 경쟁력이 있어야 뿌리를 내릴 수 있다. 뚜렷한 경쟁구도를 보이는 포차·주점 창업시장에서 살아남기 위해서는 특화된 메뉴. 분위기. 서비스 등을 갖춰야 한다.

포차·주점 창업은 사람들이 과거를 추억하고, 그때를 그리워하면서 시작됐는데 이것이 바로 '복고' 의 붐이다.

이런 사람들의 니즈를 파악해야 한다. 최근 복고인지 퓨전인지 어정쩡한 콘셉트로, 소비자 만족도를 충족시키지 못하는 실내포차 브랜드가 늘고 있다.

흔히 소주를 두고 '불황을 먹고 사는 상품' 이라고 한다. 그만큼 경제가 어려울수록 소주 판매량이 늘어난다. 그래서인지 최근 그 어느 때 보다 소주 소비량이 많다.

그렇다면 포차·주점 프랜차이즈와 일반 포차·주점의 차이점은 무엇일까? 포차·주점 프랜차이즈의 성황에 더불어 실제 매장을 방문해 보면 20~60대 까지 다양한 연령층이 부담 없이 한 잔 즐기는 장소로 선택하는 것을 알 수 있다. 포차 프랜차이즈는 생물과 즉석요리에서 고객 유입의 차이가 발생된다. 더불어 인테리어적 요소 또한 일반 주점들과의 차별점을 만들고 있다.

아무래도 포차·주점 프랜차이즈는 인테리어에서 그 특징이 명확

해진다. 포차·주점 콘셉트는 어떤 인테리어가 강조된 것일까? 대다수의 포차·주점 프랜차이즈들의 복고 콘셉트를 메인으로 진행한다.

복고, 빈티지 스타일의 포차 프랜차이즈는 이미 포화 상태이다. 특색 없이 따라하는 형태의 인테리어 디자인은 오히려 고객의 관심 속으로 파고들어 어려워질 수 있다. 인터넷에 '포차'를 검색해보면 수없이 많은 브랜드가 검색되고, 포차·주점이 빠져나간 자리에 이름과 콘셉트를 바꾸어 또 다시 다른 포차·주점이 들어선다.

현재 시장은 포화상태이다. 조금만 이름이 알려진 사거리나 골목 상권에는 이름 있는 포차·주점 브랜드가 2~3개까지 위치해있다. 고객들이 포차·주점 브랜드를 찾는 이유는 편안함과 가벼움, 마음을 나눌 수 있는 공간에 대한 욕구 때문이다. 이것이 충족된다면, 레드오션을 블루오션으로 바꾸는 것이 가능하며 사회적 분위기와 맞물려 더욱 더 성장할 것이다.

## 3) 요리에 강한 포차·주점, 테마와 Fun을 입혀라.

3~4년 전부터 경기불황의 분위기를 틈 타 생겨난 실내 포차·주점은 현재 브랜드만 해도 30여개를 훨씬 웃돈다. 그러나 자신만의 특화된 경쟁력을 지닌 소수의 브랜드를 제외하고는 트렌드가 변화함

에 따라 소비자에게 외면 받고 있는 것도 현실이다. 테마와 FUN이 있는 포차·주점, 테마와 FUN이 있다는 것은 다른 점포와의 차별화가 있다는 것을 의미한다. 곧 자사 점포의 경쟁력이 된다는 얘기다. 요즘 대구에서는 〈포포차〉를 모르면 간첩일 정도로 호황이다. 대구에 포차·주점 프랜차이즈가 활발하지 않던 2015년, 범어동 신천시장에 오픈한 1호점은 '1m왕꼬치'라는 이색적인 메뉴와 무제한 셀프바, 편안하면서도 톡톡 튀는 인테리어로 큰 인기몰이를 하고 있다.

# III

포차 · 주점 우수브랜드의 성공전략

# 1. 포차·주점 리딩 브랜드의 성공전략

## 1) 옛날 골목길의 맛집 〈구노포차〉

나이가 들수록 옛날이 좋았다는 말을 자주 입에 담게 된다. 옛날 맛, 옛날 분위기, 옛날 노래 등 추억을 떠올릴 수 있는 것에 대한 향수도 강해진다. 메뉴는 물론 분위기와 노래까지 꼼꼼하게 옛날을 떠올릴 수 있는 〈구노포차〉는 그래서 더 매력적이다. 전체적으로 복고적인 분위기 그리고 인테리어 요소로 가미된 재미있는 문구들은 술자리를 더욱 편안하게 만든다. 맛집을 표방하는 주점 〈구노포차〉는 맛있는 안주와 술 그리고 추억을 되살리게 하는 분위기를 느끼게 한다.

어느 옛길을 그대로 실내에 둔 것 같은 〈구노포차〉는 저렴하고 편안한 인테리어를 가진 포차가 인기를 얻으면서 다양한 포차 프랜차이즈들이 인기를 얻고 있다. 그중 전국 100여개의 매장과 중국 연길에 4개의 매장이 있는 〈구노포차〉는 포차프랜차이즈 중에서도 우수한 브랜드로 손꼽힌다. 저렴하면서도 다양한 메뉴 그리고 편안한 인테리어와 분위기가 많은 고객들을 사로잡았기 때문에 가능한 것이다. 〈구노포차〉라는 이름은 '옛길'이라는 이름의 한자어에서 유래

됐다. 발음을 좀 더 부드럽게 하기 위해 '구로'에서 '구노'로 바꾸었는데 발음하기가 편해 더 좋은 호응을 얻기도 했다. 동네 어귀의 골목을 매장에 통째로 갖다 놨다고 생각하면 된다. 동네 포장마차가 그런 느낌이다. 골목길 한쪽에 있어도 전혀 위화감이 없는 자연스러운 분위기를 드러낸다. 그래서 매장 안에는 동네 골목 그림도 있고 전봇대 그림도 있다. 〈구노포차〉의 대표는 추억을 회상할 때 더 따뜻한 느낌을 주기 위해 인테리어에 원목을 많이 이용한다. 골목길이지만 원목 자재로 인해 편안함이 필요했기 때문이다.

우연히 해외 진출을 한 〈구노포차〉는 중국에 〈구노포차〉 연길점도 두고 있다. 〈구노포차〉가 중국에 진출한 것은 뜻밖의 기회였다. 몇 년 전, 〈구노포차〉 건대점을 자주 찾던 중국의 유학생이 졸업 후 귀국하면서 중국에서 〈구노포차〉를 운영하고 싶다는 뜻을 전했다. 브랜드에 자신이 있었기 때문에 해외 진출을 염두에 두기는 했지만 생각보다 기회가 빨리 온 것이다. 좋은 기회라고 생각했기 때문에 적극적으로 나섰고, 파트너의 도움을 받아 연길 1호점을 오픈할 수 있었다. 한국의 맛과 인테리어는 물론 가격까지 그대로 가져갔기 때문에 큰 기대는 하지 않았으나 예상보다 훨씬 높은 매출이 계속됐다. 이에 고무된 현지 파트너는 2~4호점을 냈고 4군데 모두 높은 매출을 올리고 있다. 앞으로는 베이징이나 상하이에도 진출할 계획을 가지고 있다.

중국은 먹는 것을 매우 중시하기 때문에 안주도 기본으로 1인당 1개 이상을 시킨다. 사람이 많아지면 그만큼 더 시키기 때문에 전체 매출에 미치는 영향도 상당하다. 게다가 좀처럼 사그러들지 않는 한류로 인해 한국브랜드라는 이유만으로도 많은 사람이 찾고 있다.

처음 가맹점을 모집할 때 어느 정도 연령대가 있는 40~50대 부부 창업자들이 많이 찾을 것이라고 생각했다. 창업비용이 아무리 합리적이라도 젊은 사람들이 하기에는 부담스러울 것이라고 생각했기 때문이다. 그런데 예상외로 복고적인 분위기가 마음에 들었다고 하면서 20~30대의 젊은 점주가 운영 중이기도 하다. 〈구노포차〉에서 표방하는 인테리어 콘셉트를 알지 못할 나이지만, 브랜드와 장사에 대한 소질은 누구 못지않다는 것이다.

〈구노포차〉는 B급 상권을 위주로 하고 있다. 소자본 창업자들이 하기 위해서는 초기비용과 고정비용이 높은 A급 상권보다는 불황에도 안정적인 B급 상권을 추천한다. 반복해서 찾게 되는 동네 손님을 고객으로 하는 특성상, 포차지만 맛집을 지향한다는 것도 특징이다. 각 메뉴마다 정성을 들이고 있으며, 특히 포차에서는 유일하게 '석쇠구이 전문'으로 홍보했다. 다른 포차브랜드에서도 고기나 꼬치를 팔지만, 숯불 화로구이는 〈구노포차〉가 유일하다. 전문점 수준의 맛과 퀄리티가 보장되기 때문에 한 번 찾은 손님은 다시 찾을 수밖에 없다.

수익을 올려줄 수 있는 구조의 탄탄한 본사는 치킨브랜드와 곱창 브랜드를 같이 운영하고 있는 〈구노포차〉의 본사는 10년이 훨씬 넘은 역사를 가지고 있다. 풍부한 프랜차이즈 노하우를 가진 것은 물론, 재료를 직접 가공하는 공장도 갖고 있기 때문에 다른 외식 브랜드보다 원가가 현저히 낮다는 것이 또 하나의 특징이자 장점이다. 덕분에 타 브랜드보다 10% 이상 저렴하게 공급받아 경기가 어려워도 수익을 낼 수 있다는 장점을 가지고 있다.

점주의 개인적인 사정으로 매장을 옮기는 경우가 많다는 것도 〈구노포차〉의 특징 중 하나다. 구로쪽에서 〈구노포차〉를 하던 점주는 집과 거리가 멀어서 출퇴근이 매우 힘들었다. 결국 집 근처에 새로 열기로 하고, 이전에 하던 매장은 지인에게 운영권을 넘겼다. 이렇게 브랜드에 자신이 있었기 때문에 어디서 열더라도 잘 할 수 있다는 자신감을 가진 점주가 있는 곳은 흔치 않다.

〈구노포차〉는 지금처럼 서두르지 않고 천천히 매장을 오픈해 나갈 예정이다. 오래가는 주점, 오래가는 브랜드를 만들고 싶다는 것이 이곳 대표의 목표이기 때문이다. 전국에 매장 수를 꾸준히 늘려야 하고, 물류 부분에도 아직 해야 할 일이 많다. 또 중국의 대도시에 매장도 오픈해야 하는 등 아직도 〈구노포차〉의 갈 길은 멀다.

청년일수록 파트너와 함께하는 구노포차, 청년이라면 밤늦은 시간까지 자기 점포를 지킬 수 있는 체력이 기본이 되어야 한다. 또한 주류 판매에 어려움을 겪는 대다수의 여성과 시니어와는 달리 적극성이라는 강점을 갖기도 한다. 그래서 저가 메뉴 대비 수익률이 좋은 주류 판매점에 도전하는 일에 망설일 필요가 없다. 충분히 부딪혀 볼만하다는 얘기다. 그러나 아무 브랜드나 덜컥 손댄다면 큰일이다. 그렇지 않아도 경험이 부족하고 패기가 앞서기 때문이다. 성공할 수 있다는 무모하리만치 강한 정신을 이용하려는 염치없는 본사들이 도사리고 있기 때문이다. 그래서 좋은 포차 브랜드를 알아야 한다.

포차운영은 만만하게 볼 수 없다. 개인 창업과 비교우위에 있을 수 있는 프랜차이즈만의 강점은 바로 시스템이다. 개인이 직접하다 보면 다년간의 노하우가 쌓여야 할 수 있는 일을 프랜차이즈와 함께 도전한다면, 오픈 첫날부터 그 노하우가 함께 따라온다. 주류 판매를 주로 하는 매장도 마찬가지다. 혼자서 하다보면 천천히 알게 될 조리 시스템과 메뉴 개발의 어려움과 거기다 매장 운영에 필요한 회계 및 세금 관련된 업무까지 몸이 세 개여도 완벽하게 할 수 없을 지경이다. 바로 창업에 파트너가 필요한 이유다.

요즘처럼 불경기에 소비심리가 줄어들수록 소비자들은 현실적 해방구로 술을 찾는다. 값싸고 강한 맛에 즐겨 찾는 소주는 우리 정서 깊이 박혀있다. 시대적 요구는 값싸고 맛좋은 포차를 시장에 등장시켰다. 오로지 대한민국에만 있다는 포차 문화, 포차라는 개념이 자리 잡은 1960년대 후반부터 국내 산업화와 그 궤를 같이한 포차 업계는 그간 소자본 창업의 대명사로 자리 잡게 됐다.

하지만 누구나 할 수 있던 포차는 누구나에게 성공을 안겨주지는 않았고, 하나의 기업화된 시스템을 통해서만 그 성공가능성이 이제와서 조금씩 열리는 정도니 만만히 볼 아이템은 아니다.

안정된 시스템을 보유한 본사라면 가맹문의가 들어올 때 장밋빛 설계만을 하지는 않는다. 〈구노포차〉도 어려운 사정들을 하나같이 설명한다. 실제적으로 난관에 맞닥뜨렸을 때 처음 설명과 다르다면 진정한 상생은 힘들다고 보기 때문이다.

누구에게나 쉬워야하는 기본 마인드를 가지고 프랜차이즈를 선도하는 〈구노포차〉의 메뉴는 유명 호텔 주방장, 패밀리레스토랑 주방장, 한식점 주방장 출신의 3명이 만들어 대중적인 입맛을 사로잡았다. 프랜차이즈 본사 입장에서는 메뉴 단가와 수익률을 고려한 매뉴얼의 구축이 중요한데, 다년의 경력을 갖고 있는 메뉴개발팀이 이런 고충을 해결하고 있다. 이곳 대표도 본인 스스로가 외식업을 운영해온지 25년이 넘었기 때문에 가맹점주의 입장을 누구보다 잘 안다.

그래서 본사에서 물류를 통해 어떤 점을 해결해 줘야 하는지 이해하고, 거의 모든 메뉴를 원팩화해서 물류시스템을 완성했다. 라면 끓일 정도만 되면 될 정도로 조리에 있어서의 어려움이 없도록 한 것이다.

청년 창업이라고 무조건 고되게 일을 해서는 안 된다. 청년일수록 믿을 만한 본사를 선택해서 좋은 경험과 노하우를 빨리 얻어야 하며, 긴 인생사를 놓고 볼 때 청년 시기는 어떤 일에 투자해야 좋을지 깊이 생각해봐야 하는 시기라고 강조한다. 술을 판다고 해서 그 매장을 운영하는 점주까지 하대하는 손님들이 더러 있다.

하지만 창업하는 본인이 자신의 일에 대한 자부심이 있다면 그런 문제들은 쉽게 넘길 수 있을 것이다. 본사도 그런 이미지가 생기지 않도록 노력하는 것은 당연하다. 또한 본사는 가맹점을 아이 키우듯 해야 한다. 매장 오픈을 했다고 이후에는 나 몰라라 한다면 그건 책임회피이며, 어차피 그런 브랜드는 오래가지 못한다.

개인창업에 대한 어려움은 창업 전문가집단인 프랜차이즈의 도움을 받아야 한다. 그렇지만 장기적인 운영 노하우가 있는 본사인지를 가장 우선시해야 함을 강조한다. 적어도 5년 이상 지속적인 성장을 해온 본사라면 거의 모든 창업자에게 맞는 전략을 갖고 있다.

창업이라는 절대 절명의 도전 앞에 청년들의 패기 넘치는 유입이 더욱 많아져야 경제 전 분야에 활기가 생긴다.

많은 지원을 통해 살아있는 창업 도우미를 자청하는 구노포차는 현재 중국시장에서도 활발한 모습을 나타내고 있다. 70년대 서민들의 애환과 추억을 그대로 담아낸 〈구노포차〉의 인테리어는 중국 시장에서 통하는 전략이 됐다. 또한 현지화된 음식 맛이 아닌 우리 입맛 그대로 가지고 나갔는데도 호의적인 반응을 보이자 반신반의 했던 해외진출의 불씨를 단번에 댕기게 됐다.

앞으로도 〈구노포차〉를 롱런하는 브랜드로 키우고 싶다는 구노포차 대표는 특별한 노하우 없이 마케팅으로만 개설 수익을 내는 그런 브랜드로 인식되는 것을 겁내며, 고유의 노하우를 통해 진입장벽을 만들 심산이다. 가맹점이 돈을 벌어야 결국 본사도 롱런할 수 있다. 그러기 위해서는 끊임없는 시스템 개발과 메뉴, 홍보 등이 뒤따라야 한다.

〈구노포차〉의 이런 소신은 본사를 운영하는 데에서 나타난다. 본사가 커지고 직원 수가 많아질수록 가맹점의 어려움도 커진다고 봤기 때문이다. 현재 8명의 직원이 브랜드 4개의 운영을 도맡아 하고 있음은 물론 오너도 밤낮없이 가맹상담과 운영을 겸하고 있다. 모두 젊었을 때의 경험이 영양분이 되었다. 이곳 대표는 20살에 이미 외식업에 뛰어들었고, 대학교정에서 보다는 세상살이에서 배운 것이 더 많다고 한다. 그러나 더 이상 젊은 청년에게 어려운 일을 경험해 보라는 말이 미덕이 아니라는 생각을 한다고 전한다.

대학을 졸업한 이후 취업을 하기보다 창업전선에 뛰어들어 새로운 돌파구를 찾는 사람들이 늘고 있다. 취업을 하더라도 안정적 생활을 보장받을 수 없고 불황이 계속되자 창업에 도전하게 된 것이다. 하지만 무턱대고 창업을 했다가 손해를 보는 일도 적지 않기 때문에 제대로 된 창업전략 없이 뛰어들었다간 낭패를 보기 십상이다. 실내 포차 프랜차이즈로 성공창업전략을 제시하는 〈구노포차〉는 1인 창업이나 동업으로 시작하기보다 탄탄한 기반을 갖춘 프랜차이즈 창업이 성공을 보장한다고 말한다. 특히 프랜차이즈 창업은 창업자를 위한 지원 관리 시스템을 제대로 갖추고 있는지, 반짝 창업 아이템으로 트렌드만 쫓고 있는 것은 아닌지 등을 기본적으로 살펴야 한다.

복고형 실내포차 컨셉으로 인기몰이 중인 구노포차는 맞춤형 창업 프로세스로 체계를 갖추고 지원 관리한다. 지역 선정부터 상권 및 매출 분석, 입점까지 원스톱으로 진행하는 상권 분석 시스템, 전 메뉴를 팩화해 누구나 조리할 수 있도록 한 조리개발 시스템, 다양한 마케팅으로 홍보하는 홍보지원 시스템, 슈퍼바이저가 직접 방문 지도하는 운영지원 시스템 등 처음 시작부터 입점까지 예비창업자가 어려움을 겪지 않도록 적극 나서고 있다.

〈구노포차〉가 실내포차 프랜차이즈 업계에서 성공할 수 있었던 이유는 창업전략 노하우를 10년간 쌓아온 본사 ㈜마시명가 프랜차이즈가 있기 때문이다.

실패 없이 창업을 하기 위한 예비창업자들은 무모한 도전보다 세심하게 관리와 지원이 약속된 프랜차이즈 창업에 눈을 돌려야 할 시점이다.


## 2) 수상하고 재미있는 〈수상한 포차〉


정통 한국식 메뉴를 위주로 하는 〈수상한 포차〉는 '대한민국 No.1 포차'를 캐치 프레이즈로 삼아 꾸준히 성장해 나가는 브랜드다. 포차 브랜드로서는 후발주자에 속하지만 전국 170여개의 매장을 이끌어나가면서 발전하고 있다. '수포'라는 애칭으로 고객들에게 꾸준히 사랑받는 〈수상한 포차〉의 수상한 매력은 메뉴의 차별화 전략이다.

포기할 수 없는 메뉴 콘셉트, 정통 한국식을 가치로 하는 주점을 하는 것은 쉬우면서도 어렵다. 제대로 된 콘셉트를 잡는 것이 매우 어렵기 때문이다. 포차를 해야겠다고 마음먹고 〈수상한 포차〉라는 브랜드를 론칭했지만 수상한 포차 대표 역시 메뉴에 대한 많은 고민을 했다. 당시 그리고 지금까지도 퓨전 메뉴가 꾸준한 인기를 얻고 있지만, 수상한 포차는 복고풍에 가까운 한국식 포장마차 안주들을 고집했다. 지금도 분기마다 신메뉴를 만들고 있고 아이디어의 한계를 느낄 때마다 퓨전에 대한 유혹을 느끼지만, 그래도 '한국식'이라는 콘셉트는 절대 포기하지 않고 있다. 〈수상한 포차〉는 퓨전으로 안주를 만들기 시작하면 간단하다. 처음 〈수상한 포차〉를 오픈했을 때도 퓨전 주점들은 인기가 많았다. 하지만 한국식 포차 메뉴를 이어나가려고 했다. 그렇게 해야 포장마차의 분위기를 느낄 수 있기 때문이다. 초창기보다는 어쩔 수 없이 메뉴 가격을 조금 올리기는 했지만 대신 양을 많이 하고 있기 때문에 아직도 가격 면에서는 포차 못지않은 수준이다. 그래서 고객들도 꾸준히 찾고 있다.

이러한 고집 때문에 〈수상한 포차〉는 주점이면서도 밥집의 역할을 하고 있다. 안동찜닭과 같은 식사 메뉴를 주문하면 밥까지 볶아주는데, 매상에는 조금 영향을 미칠 수 있지만 단골고객을 잡을 수 있다. 불황을 이겨나가는 동시에 단골고객을 만들 수 있어 장기적으로는 더 효과적인 것이다. 〈수상한 포차〉의 총 메뉴는 45개이고, 1년에 두 번씩 신메뉴가 나오지만 메뉴는 늘 45가지로 정해져 있다. 굳이 안 팔리는 메뉴를 만드는 것보다는 인기 있는 신 메뉴가 낫다고 생각하기 때문이다. 이렇게 6개월을 주기로 주문이 없는 메뉴는 사라지고, 인기 메뉴는 더 높은 인기를 얻으면서 고객들의 메뉴 만족도가 높아진 것은 당연했다.

〈수상한 포차〉의 입구에는 횟집에서나 볼 수 있는 업소용 수족관이 있다. 산오징어, 산낙지 등 신선한 해산물을 고객들에게 제공할 수 있도록 하기 위해 별도로 만든 것이다. '포차' 라는 이름에 걸맞지 않게 고급스러운 것은 아닌가 하는 생각도 들지만, 메뉴판에 적힌 합리적인 가격은 고객에게 부담도 주지 않는 편이다.

최근 불황과 함께 포차 브랜드들도 한계에 왔다는 것이 대표의 생각이다. 대부분의 포차들이 초기에 고객의 호기심을 끌기 위해 대표 메뉴를 정했지만, 오히려 그 안에 잡혀 있다는 것이다. 다행히 〈수상한 포차〉는 '한국식 포차 안주' 라는 폭 넓은 콘셉트를 가지고 있고, 고객에게 색다름을 주기 위해 다양한 안주 개발에 전력을 다했다. 그래서 비용이 들지만 매장 앞에 업소용 수족관을 설치했고, 간단하게 먹을 수 있는 오징어와 낙지를 안주로 제공하기 시작했다. 덕분에 1차로 오기에도 좋고 2차로 오기에는 더 좋다는 인상을 줄 수 있어 고객층을 한층 더 넓힐 수 있었다. 신선한 해산물 안주로 인해 추가 주문도 가능했다. 밖에서 수족관을 보고 들어와 산오징어나 산낙지를 시키지만, 양이 적은 편이라 추가 안주를 시킬 수밖에 없었기 때문이다. 덕분에 추가 매출까지 가능해질 수 있었다.

드라마 제작지원 등으로 꾸준한 브랜드 홍보를 하고 있는 〈수상한 포차〉는 브랜드의 꾸준한 홍보는 점주들에게 꼭 필요한 일이지만, 비용이 많이 들기 때문에 매우 부담스러운 일이기도 하다. 일부 브랜드들은 홍보를 하고 그 비용을 점주들에게 떠넘기기도 한다. 하지만 〈수상한 포차〉는 전적으로 홍보를 본사에서 책임지고 어떤 비용도 청구하지 않는다.

드라마 제작 지원 홍보는 매출 신장에도 도움이 되었지만, 본사에도 적지 않은 수익을 주었다. 드라마를 통해 〈수상한 포차〉를 접한 사람들이 가맹점주가 되기 때문이다. 인지도가 높아지면서 매출과 가맹점이 동시에 늘어나기 때문에 드라마 제작 지원도 계속 하고 있다.

홍보뿐만 아니라 오픈 시 많은 비중을 차지하는 인테리어 비용도 다른 브랜드에 비해 저렴하다. 공사장 느낌의 콘셉트를 제대로 살리면서도 합리적인 가격으로 시공하기 때문에 점주들의 부담을 한결 줄일 수 있었던 것이다. 단순한 복고풍의 포차가 아닌 젊은 분위기를 한껏 낼 수 있도록 해 주택가는 물론 대학가 등 젊은 상권에 어울리는 인테리어를 선택했다. 82~99㎡(25~30평)정도의 매장으로 운영되고 있는 〈수상한 포차〉는 적절한 목돈으로 직장생활보다 나은 수입을 보장할 수 있는 최고의 아이템이다. 작은 평수에서 안정된

수익을 올릴 수 있도록 하는 것이 〈수상한 포차〉의 궁극적인 목표
이기도 하다.

앞으로 주점 시장은 더 축소화되고 개인화될 것으로 예측한다. 그
래서 〈수상한 포차〉 역시 제2브랜드로 49~66㎡(15~20평) 정도에서
할 수 있는 브랜드를 만들기도 했다. 꿈 이뤄주는 포장마차 브랜드
로서 주점창업은 비수기가 따로 없고, 다른 외식업에 비해 테이블
단가가 아 많은 예비창업자들이 선호하는 분야 중 하나다. 때문에
주점창업 시장에는 일반 호프집을 비롯해 이자카야, 실내포장마차,
민속주점, 부킹주점 등 다양한 종류의 형태가 인기를 끌고 있다.

그 중에서도 실내포장마차는 과거부터 현재까지 꾸준히 인기를 얻
고 있는 주점형태로 꼽힌다. 색다른 콘셉트의 주점들이 등장하고 있
지만, 여전히 인기를 끌고 있어 안정적인 창업을 고려중인 예비창업
자들의 시선을 사로잡고 있다.

포장마차가 과거 중장년층의 허기와 스트레스를 달래주며 동네사
랑방 역할을 했다면, 최근에는 감각적인 인테리어와 밝고 쾌적한 분
위기를 더해 젊은 세대까지 포용하고 있는 모습이다.

또한 과거에는 주로 남성들 위주였던 포장마차가 여성들도 부담
없이 들를 수 있는 공간이 되었다는 것이 눈길을 끈다. 전문가들은
포장마차 창업이야말로 앞으로의 발전이 더욱 기대되는 분야라고 입

을 모으고 있다. 이러한 가운데 프랜차이즈 실내포장마차 '수상한 포차'가 주목을 받고 있는데, 그 이유는 바로 억대 연봉의 꿈을 실현해줄 수 있기 때문이다.

〈수상한 포차〉는 깔끔하면서도 감각적인 오렌지빛 컬러를 포인트로 줘서 여성 고객들의 마음을 사로잡은 것은 물론, 아늑하고 정감 있는 포장마차 고유의 분위기를 그대로 살려 다양한 연령층의 고객들을 만족시키고 있다.

또한 어디서나 볼 수 있는 뻔한 안주가 아닌 〈수상한 포차〉만의 색깔로 해산물·볶음밥·탕류·구이류·전류 등 50가지가 넘는 메뉴를 선보이고 있다. 저렴한 가격으로 푸짐하게, 맛있게 즐길 수 있어 고객들의 만족도가 높다. 업계에서는 기존 식상하던 포장마차의 메뉴 한계를 벗어났다고 평가하고 있다.

포차창업 프랜차이즈 '수상한 포차' 관계자는 창업시장의 베테랑들이 모여 만든 브랜드답게 철저한 본사의 시스템으로 가맹점의 성공창업을 돕고 있다. 평범한 직장인들 사이에서는 억대 연봉의 꿈을 달성할 수 있는 창업아이템으로 주목 받으며 많은 문의가 이어지고 있다.

이어 누구나 부담 없이 도전할 수 있도록 창업비용의 거품을 제거였다. 본사의 풍부한 노하우를 바탕으로 현실적이고 만족스러운 마진율을 보장, 투자대비 높은 매출을 기대할 수 있는 아이템임을 강조한다.

수상한 포차는 세련된 복고 감성으로 프랜차이즈 시장을 공략하고 있다. 복고 열풍이 불고 있다. 흘러간 추억의 노래가 인기를 얻는가 하면, 유행이 한참 지난 패션이 거리를 물들이고 있다. 지난 1994년의 모습을 그려낸 드라마가 큰 인기를 끌기도 했다. 팍팍한 현재의 삶을 잠시 잊고 옛 추억을 떠올리며 위안을 받고 싶어 하는 감성이 만들어 낸 복고 열풍이 이제는 전 영역에 깊숙이 스며들고 있다.

프랜차이즈 포장마차 업계에도 복고 트렌드가 접목되고 있다. 요즘 포장마차에는 과거와 현대가 공존한다. 〈수상한 포차〉는 이 같은 흐름을 잘 대변하는 사례다. 〈수상한 포차〉는 독특한 콘셉트, 탄탄한 메뉴라인 등의 경쟁요소를 갖추고 전국에 300여 개 이상의 가맹점을 운영 중인 대표적인 포차창업 브랜드이다. 정통 포차마차를 표방하면서도 현대적인 느낌을 잃지 않는 콘셉트를 내세운 것이 성공요인으로 분석된다. 요즘 소비자들은 복고적 감성을 느끼고 싶어 하면서도, 낡고 허름한 분위기가 아닌 편안하고 세련된 곳을 선호하기 때문이다. 향수를 자극하는 과거의 문화를 즐길 수 있도록 하면서 현재의 편안함 및 안락함은 포기하지 않는 소비 심리를 파악한 것이 성공에 크게 한 몫 했다.

## 3) 실내에서 야외 분위기 즐기기 〈사나포차〉

고급스러운 서비스도 화려한 안주도 없지만 저렴하고 간단하게 한 잔 할 수 있는 포장마차이다. 지금은 많이 사라졌지만 그 분위기를 즐길 수 있는 포장마차가 프랜차이즈 업계에서도 각광받고 있다. 그 중 〈사나포차〉는 경상도 사투리에서 '사나이'를 '사나'라고 하는 것에 착안해 네이밍한 곳으로, 실내에서 외부 분위기를 느끼며 가볍게 술을 즐길 수 있다. 사나이를 즐겁게 하는 〈사나포차〉는 어떤 매력으로 불황을 이겨나가고 있는지 살펴본다.

편안한 복고풍 술집, 〈사나포차〉는 20평 내외의 중소형 규모포차로 전국에 100개 가까이 가맹점을 갖고 있는 알토란 브랜드이다. 유동인구가 많은 A급 상권보다는 주택가 근처의 B급 상권에서 많이 볼 수 있다. 〈사나포차〉는 생활 밀착형 브랜드이다. 1억 원 전후로 가게를 오픈할 수 있기 때문에 적은 돈으로 창업하려는 사람들이 많이 찾는 편이다. 〈사나포차〉를 트렌디한 브랜드라고 생각하지 않는다. 〈사나포차〉의 특성상 편안한 동네 술집으로 자리 잡았기 때문이다. 이러한 분위기를 이어나가면서 스테디셀러 브랜드로 나가는 것이 대표가 지금 가진 목표다. 〈사나포차〉의 매력 중 하나는 바로 복고풍 분위기이다. 지금은 포차 자체가 복고풍이기 때문에 20대 중반부터 30대 중반의 손님들이 특히 많이 찾는다. 포차인 만큼 젊은 층이 많이 찾을 것이라는 생각은 했지만, 딱히 타깃을 구체적으로 정한 것은 아니다. 누가 와도 편안한 인테리어이기 때문이다.

〈사나포차〉의 인테리어는 실내에 있지만 야외에 있는 듯한 분위기가 콘셉트이다. 실제 마차로 된 분위기도 있고 창문 아닌 창문도 덜컹거리면서 열릴 것 같은 느낌이 든다. 담벼락 분위기를 내기 위해 벽을 담처럼 만들기도 했다. 조명을 이용해 별처럼 만들기도 했다. 손님의 나이 그리고 유형에 따라 찾는 자리가 다르다는 것도 〈사나포차〉가 가진 매력 중 하나다. 마차 자리 같은 경우는 사실 일반 자리인데, 오픈됐다는 느낌을 주기 때문인지 아무래도 연세가 있으신 분들은 꺼린다. 나름 분위기가 특색 있어서 젊은 고객들은 자주 않는 편이다.

〈사나포차〉에는 약 50여 개의 안주가 있는데, 가격과 취향에 따라 고를 수 있도록 차별화했다. 1만 원 이하의 메뉴가 20%, 1만~1만5000원이 60%, 그 이상이 20% 정도로 구성되면서 합리적인 가격이 책정되는 것이다. 저렴한 안주도 있기 때문에 고객들은 주머니 사정을 생각하면서 주문할 수 있고, 메뉴가 다양하기 때문에 여러 번 와도 신선한 느낌을 줄 수 있다.

불경기에는 식사와 술을 따로 하기가 쉽지 않다. 그래서 〈사나포차〉는 식사가 가능한 메뉴를 강화시켰다. 특히 인기가 높은 것은 7첩 도시락, 반합라면, 주먹밥 등으로 식사와 함께 술자리가 시작되는 것이다. 식사와 술을 함께하기 때문에 비용 부담이 줄어드는 것은 당연하다.

매장의 특성에 따라 메뉴의 종류 그리고 가격까지 차별화하는 것도 〈사나포차〉가 가진 매력 중 하나다. 작은 매장의 경우 메뉴가 많으면 재고 부담이 있고, 주택가 상권에서 너무 비싼 메뉴는 부담을 줄 수 있기 때문이다. 이렇게 작은 부분도 가맹 점주를 생각하기 때문에 〈사나포차〉를 운영하는 점주와 본사와의 관계는 유난히 친밀하고 견고하다.

가장 중요한 아이템 선정과 자리 선정을 위해 생계형 창업을 하는 이들이 많아 불황을 이길 수 있는 브랜드를 만들고 싶어 했다. 그래서 어떤 한 분야에 특화하지 않고 다양한 술과 안주를 제공하고 있다. 전보다 현재 가맹점이 더 많을 정도로 꾸준히 발전하고 있는 것도 고무적인 일이다. 그만큼 〈사나포차〉가 믿을 만한 브랜드라는 것을 말해준다.

66㎡(20평) 정도의 매장은 고정 비용도 적게 드는데다가 어느 정도만 매출을 유지하면 수익을 낼 수가 있기 때문에 생계형 창업을 할 때 너무 큰 규모보다는 〈사나포차〉정도의 규모가 가장 적당하다

고 강조하고 있으며, 앞으로도 친밀하고 꾸준하게 〈사나포차〉를 운영하면서 불황일수록 더 잘되는 그런 매장을 만들고 싶다고 한다. 언론이나 책에서는 창업 준비를 오래 해야 한다고 말한다. 홀서빙부터 요리까지 모두 잘하는 것도 좋지만 그보다는 좋은 아이템을 찾기 위한 연구를 더 많이 하는 것이 좋다. 창업 준비를 할 때 가장 신경 써야할 점이 아이템 선정이기 때문이다. 창업 아이템을 선별할 때는 주변에서 보고 듣는 것보다는 사업설명회, 창업박람회 등을 직접 가보고 비교해 보는 것이 중요하다.

실내포장마차 사나포차는 전국 브랜드로 확장을 위해, 친한 친구들과 슬리퍼에 편한 차림으로도 부담 없이 방문할 수 있는 실내포장마차의 대표 이미지를 표방하고 있다. 서민들의 쓰린 속을 씻어주던 포장마차의 대안으로 떠오른 실내포장마차가 이제는 주점업계의 상당수를 차지하고 있다.

실내포장마차만큼 대한민국에서 사랑받는 주점형태가 등장할 수 있을까? 라는 의문이 들 정도로 실내포장마차시장이 진화하고 있다. 많은 외식프랜차이즈 회사들이 실내포장마차 브랜드를 만들어 내고 또 다양한 콘셉트로 소비자들의 마음을 사로잡는다. 이제는 이렇다 할 콘셉트 없이는 실내포장마차 업계에서 살아남기 힘든 실정까지 왔다.

투박하지만 정감 있는 인테리어와 다양한 메뉴구성으로 고객을 사로잡는 대한민국 대표 실내포장마차 사나포차는 이러한 실내포장마차 시장에서 명실상부 전국 브랜드로 우뚝 섰다. 사나포차는 전국 100호점을 오픈한 전국 브랜드로 꾸준한 가맹계약을 통해서 점차 세력을 확장시키고 있다. 이러한 상생 관계를 통해서 계속해서 발전해 나가는 사나포차가 전국 브랜드로 자리매김 한 것은 당연한 일이 아닐까 싶다.

사나포차 프랜차이즈 성공사례를 보면 사나포차 아산 용화점은 아파트 상권에 입점한 매장이다. 사나포차 용화점의 점주는 주점을 7년 동안 운영해 왔던 베테랑 장사꾼이다. 사나포차 용화점을 운영하면서도 베테랑 장사꾼의 숨은 면모를 마음껏 보여주며 오픈 초부터 꾸준하게 높은 매출을 유지하고 있다.

초기 아이템을 고집하지 않는다. 그동안 운영하던 매장을 정리하고 새로운 매장을 알아보던 중 주변상권에 곱창집이 없다는 것을 알아차렸다. 곱창창업으로 마음을 정하고 여러 브랜드를 알아보았지만 곱창은 물류가격의 널뛰기가 심하고 손질에 많은 시간과 비용이 소요된다는 것을 알게 되었다. 실제 곱창 집을 운영하시는 점주들 역시 곱창이 일반 외식업에 비하여 힘들다는 이야기를 했다. 오빠와 둘이 매장을 운영할 생각이었던 점주는 아이템을 변경해야 할 필요성을 느꼈다. 전에 운영하던 노하우와 경험을 살려 주점창업으로 생각을 정리했다. 자신의 상황에 맞는 아이템을 선택하기 위해서 처음 생각했던 곱창이라는 아이템을 포기하는 과감성을 보인 것이다.

업종을 선택했다면 본격적인 창업을 준비해야 한다. 주점으로 창업 아이템을 결정하고 본격적으로 창업 준비에 들어갔다. 개인매장을 오랫동안 운영하면서 개인매장의 어려움과 힘든 점을 잘 알고 있었다. 그 후 두 번째 창업은 프랜차이즈로 창업을 했다. 스몰비어는 계절의 영향을 많이 받는 아이템이라는 것을 알고 있었기 때문에 사계절 내내 매출이 일정한 아이템을 찾기 시작했다. 그러던 중 전국 100호점이 오픈되어있으며 창업비용까지 저렴한 사나포차를 알게 되었다. 사나포차는 소주와 맥주, 막걸리까지 주류를 아우르는 안주와 저렴한 가격으로 고객들에게 입소문이 많이 나 있는 것을 보고는 사나포차에 관한 정보를 수집한 것이다.

창업에도 선배가 존재한다. 다른 매장의 점주를 많이 만나보아야 한다. 사나포차와 계약을 준비하면서도 여러 가맹점들을 방문했다. 일부러 한가한 낮 시간을 고라서 점주들의 이야기를 들어보면 점주들 모두 본사에 긍정적인 반응이었다. 담당자를 통한 매장관리와 상권에 따라 가격구성과 메뉴가 다른 것을 알고 세세한 본사의 지원 사항에 만족했다. 점주들의 대부분이 처음 주점을 창업했기 때문에 힘들다고 꼽은 것은 체력적인 문제였다. 하지만 용화점 점주에게는 별로 큰 문제가 아니라는 것이다. 사나포차로 확신을 갖고 나서는 일사천리였다. 그 동안의 노하우와 사나포차의 특유 분위기와 안주라면 성공할 것이라는 믿음이 있었기 때문이다.

매장 오픈 후가 진짜 장사의 시작이다. 대부분의 창업초보자들은 매장을 오픈하기 전까지가 창업이라고 생각한다. 하지만 그는 오픈 후 부터가 진짜 창업의 시작이자 장사라고 생각했다. 매장오픈단계는 준비단계일 뿐 그 준비를 토대로 실제 매장을 운영하는 것이 창업의 시작이라는 생각이었다.

오픈 후부터 장사 베테랑의 진가를 발휘하여 매장의 홍보와 운영에 박차를 가했다. 아파트 상권인 만큼 주민들의 입소문이 빠르고 중요하다는 것을 알았다. 처음부터 고객들의 불만사항을 만들지 않기 위해 노력했고, 불만사항이 접수되면 바로 해결했다. 그 결과 아파트 주민들 사이에서 좋은 입소문이 나기 시작했다. 많은 어려움이 있었지만 현재는 만족할만한 매출을 올리며 즐거운 마음으로 매장을 운영하고 있다.

사나포차, 사라져가는 포장마차의 빈자리를 채우고 있다. 정감 가는 분위기와 저렴한 가격 그리고 옛 향수까지 불러일으키는 포장마차는 현재에는 길거리 노점상 단속과 위생상의 문제로 그 수가 많이 줄어들고 있지만 포장마차를 현대적으로 재해석한 실내포장마차들의 등장으로 그 명맥을 이어가고 있다.

포장마차의 향수를 추억하는 다양한 실내포차 체인점들이 늘어나면서 주점의 트렌드가 바뀌고 있다. 다양한 호프안주는 물론 소주안주까지 한 곳에서 맛볼 수 있는 실내포차 프랜차이즈는 각기 독특한 콘셉트로 고객들의 시선을 끈다. 실내포차 프랜차이즈 사나포차는 현재 100개의 매장이 오픈되어 있는 대한민국 대표 실내포장마차이다. 사나포차는 70~80년대의 향수를 느낄 수 있는 복고풍 인테리어는 포장마차의 추억을 느낄 수 있도록 시공되었다.

사나포차의 안주 역시 포장마차의 대중적인 메뉴들을 현대식으로 재해석해서 현재의 고객들의 입맛에 맞춘 대중적이고 정감 가는 메뉴들로 구성되어 있다. 안주의 가격대 역시 저렴하게 구성되어 있고, 상권과 입지에 맞춰서 가격대를 설정할 수 있다. 사나포차는 기존 일본식 선술집, 퓨전호프집 등과 같이 다양한 안주와 주류 판매로 고객층이 다양하여 창업수요와 고객수요가 지속적으로 유지되고 있다.

소자본으로 창업이 가능한 창업아이템인 사나포차는 작은 평수에도 창업이 가능한 아이템이다. 하지만 15평 이상 1층 창업을 원칙으로 한다. 사나포차의 창업비용은 점포 구입비용을 제외하고 3~4000

만원 내외로 창업이 가능하다.

상대적으로 창업비용이 저렴한 리뉴얼 창업의 경우에는 더욱 저렴한 비용으로 창업이 가능하다. 개인 창업보다 저렴한 비용으로 창업을 지원하고 있는 사나포차는 포장마차 프랜차이즈로 2014년 대한민국 유망브랜드 대상을 차지한 명실상부 대한민국 대표 실내포장마차 브랜드이다. 값싸고 푸짐한 안주와 저렴한 창업비용으로 사라져가는 추억의 포장마차 명맥을 이어가고 있는 실내포장마차 사나포차의 행보에 귀추가 주목된다.

## 4) 대한민국 포차 지존 등극 〈칠성포차〉

최근 프랜차이즈 수준평가 심사를 마친 〈칠성포차〉의 행보가 예사롭지 않다. 자신만의 전문화된 시스템을 갖추고 포차 시장에서 경쟁력을 키워 장수브랜드로서의 입지를 탄탄히 하겠다는 각오다. 포차 프랜차이즈 사업 4년차를 넘어섰지만, 점포 전개 보다는 실속 있는 점포 운영을 도모해 전 가맹점주들의 만족도를 높이고 있다. 〈칠성포차〉는 대부분 개인독립점포 실내포장마차들이 즐비할 무렵 미아삼거리에 직영 1호점을 론칭하고, 본격적인 프랜차이즈 사업을 펼쳤다. 처음엔 직영점으로만 운영할 생각이었으나 고객들의 폭발적인 반응과 함께 예비 창업자들의 문의가 쇄도하자, 사업계획을 전면 수정하고 프랜차이즈 사업전개를 위해 기반을 다졌다. 가맹점과 상생하는 프랜차이즈 브랜드로 만들기 위해 기본부터 탄탄히 내공을 다져나가기 시작한 것, 그러기 위해서는 가맹점을 오픈하겠다고 해서 무조건 가맹점을 내줄 수도 없는 노릇, 프랜차이즈 사업 전개 시 보통 100여개의 가맹점 문의가 오면 6개정도 성사시키는 수준에서 철저히 고민하고 신중히 점포를 전개했다. ㈜칠성외식은 점포 전개 시, 가맹점 운영에 문제가 생길 경우 본사에서 인수할 것까지 감안해서 철저히 분석해 점포전개를 해나간다. 그 결과 현재까지 60개점이 모두 만족할만한 매출을 올리는 결과를 낳았다. 요즘 같은 어려운 경기에도 가맹점 매출이 갈수록 늘고 있다는 즐거운 비명이다.

'칠성마약찜닭'으로 포차 매출 견인을 한 〈칠성포차〉는 복고풍 인테리어의 추억을 불러일으킬 수 있는 편안한 분위기 가운데 현대적인 컬러와 인테리어를 연출해 세련된 점포 분위기를 연출한다. 최근엔 촬영세트장이나 복고적인 분위기를 직접 촬영해 인테리어적인 요소를 가미하고 있어 생동감을 더한다. 메뉴는 복고풍 분위기에 잘 어울릴만한 것으로 구비해 어려운 경기에 식사와 술을 동시에 해결할 수 있는 것에 초점을 뒀다. 〈칠성포차〉의 메뉴 가운데 강력무기는 '칠성마약찜닭', 남녀노소 누구나 좋아하는 닭 요리에 너무 맵지 않으면서도 적당히 매콤한 빨간찜닭이다. 오뎅, 단호박, 고구마튀김, 떡, 삶은 달걀 등과 함께 푸짐하게 불맛을 즐길 수 있도록 해 인기다. 이 메뉴는 대부분 매장에서 전체 매출의 40%이상까지 차지하는 효자메뉴로 손꼽힌다. 이 외에도 해물짬뽕탕, 오징어와 순대볶음, 칠성통닭, 옛날 즉석떡볶이, 통삼겹두루치기, 모듬꼬치오뎅탕 등이 인기다. 가격대는 1만 5,000원을 기준으로 점포의 상권과 고객층에 따라 조금씩 편차를 보인다. 메뉴는 상하반기로 1위에서부터 37위 메뉴까지 분석해 4월과 10월 각각 2회에 걸쳐 신메뉴를 선보인다. 〈칠성포차〉는 '고객은 관객처럼 즐기고, 매장은 무대처럼 가꾸고, 직원은 배우처럼 일하자' 라는 정신을 바탕으로 한 서비스로 고객 만족도를 높이고 있다. 점포 관리도 직영 4개점에서 직접 근무한 경험을 쌓은 직원들이 전 가맹점을 순회하며 밀착 관리를 해나간다.

〈칠성포차〉는 2010년 5월 미아삼거리역에 1호점을 오픈하고 그해 말 홍대 직영점을 하나 더 오픈해 추가 검증을 마친 뒤, 2011년 본격 프랜차이즈 사업을 가동했다. 이어 지난 2015년 60호점 오픈이 완료됐으며 영등포역점, 장안동점, 충남 서산점, 인천 임학점, 강원대 후문점, 시흥사거리점, 신촌점, 금정점 등이 추가로 오픈하였다. 전국 매장 비율은 현재 서울 및 수도권 지역이 80% 이상 차지하지만, 점차 지방으로 그 범위를 넓혀가고 있다.

  점포 관리도 슈퍼바이저 1인당 15개 점포를 목표로 시스템 정비에 주력하고 있다. 첫 점포 첫날 매출이 43만원에서 시작해 4년 만에 20억원대의 매출을 무난히 달성할 정도로 성장한 ㈜칠성외식, 점포 매출은 평균 점포당 99㎡(30평) 규모에서 주요 고객층이 20~30대 남녀고객 뿐만 아니라 중장년층들도 점포 분위기와 맛에 매료돼 고객유입이 끊임없이 이어진다. 〈칠성포차〉는 맛있는 포장마차라는 말에 어울릴 수 있도록 신선하고 맛에 중점을 둔 메뉴군이 주류를 이룬다.


## 5) 대구에서 가장 '핫' 한 포차 〈포포차〉

  1m 왕꼬치, 아빠통닭 등 '편' 한 메뉴 구성으로 이루어져있는 〈포포차〉는 근래 대구 지역의 가장 '잘 나가는' 포차 프랜차이즈다. 〈한신포차〉, 〈칠성포차〉 등 서울지역에서 내려온 소수의 유명 포차 브랜드들만이 세를 떨치고 있을 무렵, 〈포포차〉는 대구 토박이 브랜드로서 론칭 1년 만에 유명 브랜드를 뛰어 넘는 괄목할만한 성장을 보였다. 〈포포차〉는 대구 토박이 브랜드로서 론칭 1년 만에 유명 브랜드를 뛰어넘는 광목할 만한 성장을 보였다. 〈포포차〉의 주력메뉴였던 '1m 훈제왕꼬치' 는 사람들에게 선풍적인 인기를 끌었다.

‘1m 훈제왕꼬치’는 브라질 남부지방에서 꼬챙이에 고기를 끼워서 회전그릴에 돌려 구워먹는 꼬챙이 요리인 ‘슈하스코’에서 아이디어를 가져온 것인데, 각종 채소와 두툼한 고기가 끼워져 말 그대로 1m에 달하는 이 메뉴는 비주얼에서부터 한 번 놀라며, 푸짐한 양과 맛에 두 번 놀란다. 이 외에도 ‘아빠통닭’, ‘낭만불고기’, ‘꽃닭발 찌개’ 등 네이밍부터 톡톡 튀는 재미를 선사하는 15가지 메뉴로 호응을 얻었다. 또 하나 특이할 만한 것은 바로 ‘무제한 셀프바’라는 것이다. 라면, 떡볶이, 달걀, 어묵, 육수 등 16가지 재료가 준비돼 있는 셀프바는 메뉴를 주문한 고객이라면 누구나 무제한으로 가져다 먹을 수 있게 해 만족도를 높였다. 무제한 셀프바의 재료는 만드는 이에 따라 갖가지 요리로 탄생할 수 있어 재미의 요소까지 더했다.

이렇게 자신만의 입지를 확실히 다진 〈포포차〉는 이후 입소문으로 각종 공중파 방송에 출연하면이색 맛집으로 알려져 외식을 위해 들르는 가족 고객까지 늘어날 정도가 됐다. 이를 계기로 점차 전국에서 가맹점을 내달라는 문의가 빗발쳤다. 그러나 이곳 대표는 이를 모두 거절하고, 4개월여의 준비기간을 거친 후에야 본격적으로 프랜차이즈 사업을 하기에 이르렀다. 〈포포차〉는 전국적으로 입소문이 난 덕분에 가맹점 전개도 전국적으로 진행됐다. 보통 프랜차이즈들이 특정 지역을 중심으로 가맹을 전개하는 것에 비쳐볼 때 이례적이다. 현재 가맹점은 본사인 대구를 비롯해 서울, 경기, 대전, 광주, 부산 등 각지에 개설돼있다. 제주 지역에도 개점을 준비 중에 있다. 오픈 예정인 점포를 모두 합하면 총 가맹점은 28개에 이르러 브랜드 론칭 1년 만에 놀라운 성과를 보였다고 할 수 있다.

가맹점이 전국적으로 흩어져 있지만, 지원과 관리에도 소홀함이 없다. 〈포포차〉는 가맹점주들과 되도록 많은 대화를 한다. 슈퍼바이저들은 서울. 경기. 전라도권, 부산.경남권 두 파트로 나뉘어 전국 가맹점을 순회한다.

〈포포차〉가 대표의 첫 프랜차이즈 무대 진출임에도 이렇듯 성공할 수 있었던 배경 중에는 각 분야별 전문회사가 똘똘 뭉쳐 브랜드를 이끌었다는 점도 있다. 소스제조회사 청우식품, 식품 유통전문회사, 프랜차이즈 회사 별별치킨이 모여 운영함으로써 신선한 재료를 합리적인 가격으로 공급하고, 안정적인 프랜차이즈 운영 시스템을 유지한 것이다. 본점은 오픈 때부터 지금까지도 늘 대기 고객으로 북적인다. 뿐만 아니라 최근 오픈한 부산 동래점도 불리한 입지조건에도 불구하고 늘 대기고객 행렬이다. 이렇듯 근래 포차 프랜차이즈로서는 드물게 전성기를 맞고 있는 〈포포차〉의 대표는 단순히 포차가 트렌드라고 해서 이를 쫓아 창업을 해선 안 되고 포차라는 콘셉트 이전에 제대로 된 메뉴와 시스템을 가지고 있는지 꼼꼼히 따져봐야 오래도록 운영할 수 있다고 말한다.

〈포포차〉는 50개 가맹점을 유지하고 있다. 트렌드에 따라 뜨고 지는 프랜차이즈는 되지 않도록 가맹점과의 상생에 주안점을 두고 운영할 것이며, 제 2브랜드 출시를 목표로 뛸 것을 전한다.

## 6) 놀이와 이벤트가 있는 포차 〈개그포차〉

브랜드네임에서부터 '펀' 한 기운이 감지되는 〈락개그포차〉는 신개념 포차 브랜드다. 브랜드 론칭을 준비하던 당시 두 대표는 불경기에도 타격을 받지 않는 포차 콘셉트에다 엔터테인먼트의 요소를 더해보자는 아이디어를 냈다. 여기에 평소 그들과 친분이 두터운 개그맨 김준호가 이사로 합류하면서 '개그포차' 로서의 정체성은 더욱 공고해졌다. 2011년 상반기에 론칭된 〈락개그포차〉는 화곡동 직영점을 시작으로 본격 가맹사업을 전개했다. 특이할만한 점은 개그맨화 공연 파트너십을 체결해 주기적으로 개그 공연을 즐길 수 있게 한 것과 직원들이 놀이문화를 주도한다는 것이다. 부루마블, 로또게임, 복불복게임, 생일축하 이벤트 등 직원들이 적극적으로 주도하는 게임과 이벤트에 고객들이 한 데 어울리도록 함으로써 힘겨운 일상에 지친 서민들이 맘껏 웃으며 애환을 풀 수 있는 문화공간이 되게끔 했다. 따라서 점주 스스로 엔터테이너의 자질을 갖는 것도 중요시 된다. 개그맨들을 통해 각종 방송 등에서 자연스레 브랜드를 노출시켜 인지도를 높인 것 또한 〈락개그포차〉만의 메리트다.

인테리어 면에서는 포장마차가 떠오르는 주황색을 주조색으로 하면서 '빈티지 인더스트리얼'을 모티브로 국내 주점 최초로 컨테이너 콘셉트를 도입했다. 점포 전체를 하나의 컨테이너처럼 표현한 파사드, 작업발판으로 마감한 벽면, 컬러 벽돌 등 인테리어에서도 재미의 요소가 가득하다. 대표메뉴는 '멘붕해물감닭', '돼지주물럭삽질한판', '알마니오돌뼈주먹밥', '나가사키짬뽕' 등으로 친근하고 누구에게나 부담 없는 메뉴 위주로 구성하면서 코믹한 네이밍으로 고객에게 웃음을 준다. 그 결과 색다른 재미를 원하는 여성 고객들에게 큰 호응을 받았고 덩달아 남성 고객의 유치도 자연스럽게 이루어졌다. 트렌드에 맞는 메뉴개발도 꾸준히 이루어져 야심차게 준비한 신메뉴를 출시중이다. 〈락개그포차〉는 메인 상권을 위주로 진출하되 동네상권의 경우 노른자위 지역을 위주로 점포 개발을 한다. 〈포포차〉는 점주 입장에서 신뢰할 수 있는 본사가 되기 위해 물류 마진을 최소화해 점주에게 최대 이익이 돌아가게끔 노력하고 있다. 또한 창업 시에는 점주에게 최대 이익이 돌아가게끔 노력하고 있다. 또

창업 시에는 점주에게 최대 이익이 돌아가게끔 노력하고 있다.

창업 시에 주변에 위치한 동종의 타 브랜드 점포들과 경쟁하는 것이 아니라 좋은 관계를 유지하며 상권을 함께 살린다는 마음가짐이 중요하다. 운영에 대한 조언도 덧붙인다. 브랜드 론칭 이후 현재까지 25개의 가맹점을 유치하며 꾸준한 전개를 보인 〈락개그포차〉는 단순히 트렌드에 지고 마는 유행성 아이템이 아닌 오래도록 사랑받는 브랜드로 만들어 가고 있다.


## 7) Onestop 신개념포차 〈아리아치킨철판포차〉


〈아리아치킨철판포차〉는 2006년부터 치킨전문점 프랜차이즈 〈아리아치킨〉을 운영해온 ㈜현인F&D가 론칭한 포차 브랜드다. 〈아리아치킨〉은 국내 최초 유산균 숙성 치킨으로 특허를 받고 특유의 신선하고 부드러운 육질의 치킨으로 대중들에게 사랑을 받아왔다. 〈아리아치킨철판포차〉는 제2브랜드가 아닌 '시즌2'의 성격을 갖고 있다. 〈아리아치킨철판포차〉은 기존 〈아리아치킨〉 브랜드를 트렌드에 발 맞춰 업그레이드 시킨 버전이라고 할 수 있다. 제2브랜드로 가게 되면 기존 브랜드에 소홀해지는 것을 우려했기 때문에 기존 점주에게도 이익이 될 수 있는 방향을 고려해 시즌2를 선택했다. 따라서 기존 〈아리아치킨〉은 원하는 바에 따라 약간의 인테리어 변경, 혹은 메뉴구성 추가만으로 〈아리아치킨철판포차〉를 운영할 수 있게 했다. 시즌2로 포차 콘셉트를 도입한 데 대해서는, 경기가 불황일수록 사람들은 맥주보다는 소주를 찾으며 1, 2차를 한 번에 해결할 수 있는 장소를 찾기 마련이기 때문에, 〈아리아치킨철판포차〉는 식사 고객부터 1, 2, 3차 고객까지 모두 아우를 수 있는 콘셉트로 기획하였다.

즉 '포차'라는 이름을 붙였지만, 흔히 떠올리는 복고풍이나 실외포차 인테리어를 전면적으로 도입하지는 않았다. 포차 콘셉트에서만 느낄 수 있는 편안하고 소박한 분위기는 가져오면서 심플한 인테리어로 구성한 것이다. 대신 보다 집중한 것은 브랜드명에서 알 수 있듯 바로 '메뉴의 차별화'다. 메뉴개발은 기본 브랜드로 강점을 지닌 '닭' 요리가 중심이 됐다. 닭다리살과 콩나물을 볶은 '콩닭콩닭', 주꾸미와 닭다리살을 볶은 '쭈닭쭈닭', 해물과 닭을 볶은 '해물을 품은 닭' 등 닭을 이용한 철판요리를 개발해 1차 고객뿐만 아니라 식사 고객까지 불러 모았다. 여기에 기존 치킨전문점의 노하우가 그대로 담긴 '마늘치킨', '옛날치킨', '간장치킨' 등 1만 원대의 저렴한 포차 안주를 구성해 2, 3차 고객까지 두루 소화할 수 있는 메뉴를 내놓은 것이다.

〈아리아치킨철판포차〉는 기존 치킨전문점으로 운영할 때는 2차로 오는 고객이 대부분이고 저녁 8시 이후부터 고객유입이 있다. 그러나 〈아리아치킨철판포차〉로 바뀌고 나서는 1차 술자리부터 오는 고객이 많아졌고 심지어 가족 고객도 늘어 저녁 6시경부터 늦은 시간까지 고객 유입이 있다는 것이 고무적임을 실토한다.

덧붙여 점주는 보다 높은 마진과 간편한 조리법을 원하고, 소비자는 맛있고 저렴하면서 푸짐한 메뉴를 원한다. 그런 점에서 〈아리아치킨철판포차〉는 콩나물과 채소만 준비하면 따로 복잡한 조리과정이 없어 간편하고, 손님 입장에서는 저렴한 가격에 푸짐하고 맛있게 먹을 수 있어 양쪽을 모두 만족시킨다고 할 수 있다. 더불어 각종 마케팅 수단을 활용해 한 번 온 손님이 단골손님이 되게끔 하는 데도 주력한다. 일명 '3·5·7 마케팅'이라 하여 고객에게 결제금액별로 다음에 활용할 수 있는 메뉴 무료제공 쿠폰을 증정하는 방식 등이다. 이는 고객이 다시 와야 하는 이유를 제공하는 것이다. 오픈 단발성 행사가 아니라 계속해서 진행해 인기를 얻고 있다.

뿐만 아니라 가맹점 오픈 후 보름동안 치킨을 7,000원, 철판요리를 1만원에 판매하는 할인행사를 진행했다. 〈아리아치킨철판포차〉가 지향하는 매장 규모는 66~`65㎡(20~50평대)이며, 기반을 잡고 오래도록 꾸준하게 운영할 수 있는 동네 상권을 타깃으로 하고 있다. 〈아리아치킨철판포차〉는 포차 콘셉트는 자칫 유행으로만 끝날 수 있다. 그래서 콘셉트에 치중하기보다 메뉴를 탄탄하게 하는 데 중점을 둔다. 메뉴개발도 계속 진행 중이며 '철판구이' 메뉴를 선보이고 앞으로도 질 좋은 메뉴개발에 주력하며 소자본으로 지역상권에서 오랫동안 운영할 수 있는 가맹점을 만드는 데 최선을 다하고 있다.

## 8) 어벤져스 밤새지기 〈감성포차〉

'밤부터 새벽까지 친구'라는 뜻의 '밤새지기'라는 부제를 갖고 있는 포차 브랜드 〈감성포차〉는 그 이름만큼 섬세한 운영을 하고 있다. 프랜차이즈 각 분야에서 15년 이상 경력을 가진 4명의 전문가들이 모여 점포 개발부터 마케팅까지 꼼꼼하게 관리하고 있기 때문이다. 그래서 '프렌차이즈 어벤져스'가 운영하는 〈감성포차〉는 견고한 기초 위에 차곡차곡 성장하고 있다. 〈감성포차〉라는 네이밍에는 감성이 넘치지만 사실 전문가들이 모여 체계적으로 준비한 프랜차이즈다. 프랜차이즈 각 분야에 있는 사회 친구 4명이 프랜차이즈 브랜드를 함께 만들어보자는 말에서 시작됐다.

브랜드 스토리부터 기획, 메뉴, 마케팅, 인테리어 등 모든 분야에 대해 함께 의논하고 준비했다. 어떤 분야가 좋을까 고민하던 그들은 트렌디 하면서도 경기를 덜 타는 포차를 론칭하기로 했고 이렇게

〈감성포차〉가 만들어졌다. 론칭한지 1년 지나면서 벌써 매장의 수는 20개다. 특별한 홍보나 영업 없이 첫 해에 5개를 오픈한 정도면 브랜드의 힘은 인정받았다고 할 수 있다.

각 분야의 전문가 4명이 모인 〈감성포차〉를 지인들은 '어벤져스' 라고 부르기도 한다. 각자 가지고 있는 강점을 중심으로 브랜드를 함께 운영해 나가고 있기 때문이다. 힘들 때도 많지만 오랜 경력과 노하우 덕분에 잘 헤쳐 나가고 있다고 전했다.

〈감성포차〉는 창업비가 상대적으로 저렴하다는 것을 강점으로 꼽는다. 특히 업종변경을 할 때는 예상한 것보다도 낮은 비용으로 가능하다. 본사에 인테리어 전문가가 있어서 가능한 일이다.

기존 골조를 사용해 최소한의 비용으로하기 때문에 신규 창업도, 업종변경 창업도 모두 비용이 상당히 적다. 인테리어 비용이 적다는 것은 결국 리스크가 적다는 것이고 창업비용을 회수할 수 있는 기간이 빠르다는 것이기 때문에 여러 가지고 장점이 많다. 그래서 불황에 잘 어울리는 브랜드인 것이다. 뿐만 아니라 어떤 술이라도 잘 어울리는 분위기와 메뉴가 있고 인상적인 네이밍을 갖고 있다는 점 등도 〈감성포차〉가 점주와 고객의 많은 사랑을 받는 이유다. 저렴하기만 한 안주 대신 고급스러운 메뉴를 제공하고 적절한 가격을 받는 것도 〈감성포차〉의 장점 중 하나다. 보통 주점은 저녁 7~11시가 피크 타임인데 그 시간에 매출이 나오기 위해서는 가치 있는 메뉴를 제공하고 적정한 판매가를 받아야 순이익이 높아진다. 한때 인기를 끌었던 스몰 비어 같은 경우는 객단가가 1인당 9,000원 정도 나오기 때문에 점주들이 힘들 수밖에 없으나, 〈감성포차〉는 테이블 단가가 높기 때문에 자연스레 수익도 높아진 것이다. 다양한 메뉴군을 만들어 사계절 내내 고른 매출이 나올 수 있도록 하기 때문이다.

맛뿐만 아니라 메뉴명에서도 고객에게 강한 인상을 줄 수 있도록 신경 썼다. 메뉴를 재해석해 레시피를 만들고, 이름도 재미있게 만들어 흥미를 더했다. 그러다 보니 평범한 메뉴도 인기를 더 많이 얻을 수 있었다. 이름 때문에 좋은 반응을 얻고 있는 '골뱅이는 새우깡을 좋아해'는 골뱅이와 새우깡을 믹스해서 만든 메뉴다.

주점은 물리적으로 술과 음식을 먹는 곳이지만, 정신적으로는 신뢰를 쌓아가는 공간이다. 그래서 〈감성포차〉는 보다 특별한 공간으로 만들기 위해 신경을 많이 썼다. 감성을 살리기 위해 인테리어 연구도 많이 했고, 최근 클럽음악부터 올드팝까지 10여개의 음악 채널을 구성하기도 했다. 상권에 맞게 인테리어와 음악까지 신경 쓰다 보니 프랜차이즈 이상으로 고객의 성향을 잘 맞추고 있다는 평가를 받기도 한다. 〈감성포차〉는 전국에 300개를 오픈하는 것이 목표다. 제 1브랜드인 〈감성포차〉가 안정화되면 본래 하고 싶었던 외식업도 본격적으로 구상해볼 예정이다. 불경기에는 주점이 더 어울리기 때문에 잠시 보류했지만 가장 자신 있는 분야도, 가장 하고 싶은 분야도 외식업이기 때문이다. 〈감성포차〉를 만들 때 고생을 많이 했다. 술을 못 마시는데 1년 동안 술만 마시기도 했고, 메뉴를 만들기 위해 부산까지 가서 시장을 헤매기도 했다. 이러한 노력이 있기 때문에 지금의 〈감성포차〉가 있을 수 있었다.

## 9) 사계절 내내 맛있고 즐거운 〈보스턴오뎅〉

오뎅과 어묵은 같지만 다르다. 오뎅이 주는 편안하면서도 침이 고이게 하는 느낌이 어묵에는 없기 때문이다. 그래서 〈보스턴오뎅〉은 '오뎅'이라는 단어를 넣은 과감한 브랜드 명으로 고객의 마음에 각인되고, 한 번 맛본 후에는 혀에 각인된다. 추울 때는 따뜻한 오뎅탕으로, 더울 때는 다양하고 재미있는 오뎅 메뉴로 〈보스턴오뎅〉을 만나도록 했다.

오뎅바가 있는 포차 스타일의 〈보스턴오뎅〉을 운영하는 이곳 대표는 오뎅바로 시작해 이자카야, 치킨, 짬뽕, 카페 등 다양한 요식업에서 10년 이상을 일해 왔다. 가장 가능성 높은 아이템으로 프랜차이즈 브랜드를 운영하고 싶다는 생각을 가지고 사업을 하면서 성공과 실패를 반복했다. 오랫동안 개인 브랜드와 프랜차이즈 브랜드 등 다양한 매장을 운영하다 보니 창업자들이 반복하는 실수를 모두 극복할 수 있었다. 어떤 것이 중요한지도 알게 되었고 프랜차이즈 브랜드는 공부할수록 알아야 할게 정말 많다. 제대로 된 아이덴티티와 운영 노하우를 구축하는 것은 물론, 네이버, SNS 등에 대한 이해도도 높아야 한다. 다양한 경험을 쌓다 보니 여러 입장을 이해 할 수 있어서 운영에 많은 도움이 되고 있다.

개인적으로도 〈보스턴오뎅〉은 오뎅바를 매우 좋아했다. 하지만 오뎅바는 계절을 심하게 타는 아이템이다. 겨울에는 자리가 없을 정도로 매출이 높지만, 여름에는 매장 운영이 어려울 정도다. 오뎅바를 프랜차이즈 브랜드로 하겠다고 결심했지만, 계절 간 매출의 차이를 극복하는 게 가장 큰 문제였다. 때문에 오뎅 메뉴뿐만 아니라 다양한 메뉴를 만들었다. 메인 메뉴는 오뎅이지만 다양한 신메뉴를 3개월에 한 번씩 출시하면서 사계절 내내 손님이 찾는 매장이 됐다. 봄과 여름에는 포차, 가을과 겨울은 오뎅바를 주 메뉴로 하는 전략이 적중해서 큰 차이 없이 사계절 내내 매출을 유지할 수 있게 된 것이다.

미국 동부 도시 '보스턴' 과 일본어인 '오뎅' 은 각각 보면 어울리지는 않지만, 한번 발음해 보면 입에 착 달라붙는다. 처음에는

〈경성오뎅〉으로 하다가 좀 더 개성적인 네이밍을 위해 바꾸게 됐다. 전 세계적으로 유명한 도시들은 어떤 메뉴에 이름이 다 붙어있다. 게다가 '오뎅'이라는 단어가 주는 느낌이 강해서 다른 단어와 잘 안 어울리는 편인데, '보스턴'은 잘 어울린다. 두 단어가 합쳐지면서 생기는 부드러운 느낌도 마음에 들고 앞으로는 여기에 '포차'라는 느낌도 주고 싶다.

한때는 오뎅바가 유행한 적도 있지만 지금은 어떤 번화가를 가도 오뎅바가 있는 곳을 찾기는 쉽지 않다. 요즘 20대들은 오뎅바를 본 적도 거의 없을 정도지만 오뎅 자체는 선호도가 높은 아이템이기 때문에 다양화를 시도해 고객들의 호기심을 자극하고 있다. 아이디어 회의를 자주 하면서 다양한 메뉴를 만들고 있다. 오뎅 츄러스, 오뎅 샤브샤브, 짜서 먹는 오뎅탕 등 이름만 들어도 재미있는 메뉴가 많다. 고객이 보고 좋아하겠다는 생각을 하면 정말 즐겁다.

브랜드 네이밍처럼 〈보스턴오뎅〉은 이미 아이덴티티가 정해져 있기 때문에 무엇보다 오뎅의 품질에 최선을 다하고 있다. 흔히 오뎅은 서민음식이라고 생각하지만, 그 이상으로 질을 높여서 〈보스턴오뎅〉의 오뎅은 프리미엄급으로 만들고 싶다는 목표를 가지고 있다. 내실은 튼튼하면서 가벼운 본사를 만들고 싶다. 그래서 위험성이 높은 공장을 갖는 것보다 제품을 잘 만드는 믿을 수 있는 공장을 찾았다. 앞으로도 본사를 무겁지 않게 운영하면서도 가맹점에 많은 도움을 줄 수 있도록 노력하고 있다.

현재 〈보스턴오뎅〉은 계약된 매장까지 총 33개가 전국에 있다. 작은 매장은 33㎡(10평)부터 큰 매장은 99㎡(30평)까지 있는데, 오뎅바가 있기 때문에 매장 인테리어는 매우 중요하다.

고객들이 바 자리를 선호하기 때문에 한 매장 안에 오뎅바만 2개 만든적도 있다. 오뎅바가 차지하는 면적이 크지만, 인건비가 줄어드는데다가 오히려 자리가 촘촘해져서 효율성도 높다. 〈보스턴오뎅〉은 '레트로'를 인테리어의 큰 기준으로 생각한다. 1970~80년대 미국의 느낌이 날 수 있도록 하며, 크고 작은 소품들을 이용해서 소주, 맥주, 사케 등 어떤 술에도 부담이 없는 매장으로 만들고 싶어 한다.

〈보스턴오뎅〉은 소상공인시장진흥공단에서 주최한 중소기업 유망 지원사업에 선정돼 운영자금을 지원받았다. 200여개의 후보 중에서 10위안에 든 것이다. 탄탄한 브랜드임을 인정받은 것도 기뻤지만 운영자금을 지원받는 것도 좋았다. 그 금액으로 900쪽 이상 되는 본사 매뉴얼을 만들었다. 매장 운영과 인력 관리는 물론 화장실 청소하는 방법까지 실어서 완벽한 운영 매뉴얼을 만들어낸 것이다.

매뉴얼대로 점주들이 따라주고 본사는 내실을 공고히 한다면 〈보스턴오뎅〉이 롱런 프랜차이즈 브랜드가 되겠다는 목표도 이룰 수 있을 것이다.

〈보스턴오뎅〉의 Hot menu는 보스턴 오뎅탕으로 곤약부터 토마토, 고기까지 14가지 재료가 들어 있는 보스턴 오뎅탕이 대표 메뉴이며, 직접 만든 소스로 칼칼한 맛이 나서 인기가 많다. 매운 오뎅탕은 일반오뎅과 달리 얼큰한 맛이고 그래서 소주를 생각나게 해 주류 매출도 높은 편이다. 연령층에 상관없이 보편적으로 인기가 높다.

## 10) 다양한 메뉴를 만나는 〈뉴욕야시장〉

대부분의 사람들은 '뉴욕'이라는 단어에서 세련된 느낌을 연상한다. 그러나 뉴욕은 다양한 국가에서 온 여러 인종들이 섞여 살면서 독특한 문화를 만들었기 때문에 지금의 명성을 가질 수 있었다. 〈뉴욕야시장〉은 그런 의미에서 '뉴욕'을 브랜드에 차용했고, 14년의 역사를 가진 탄탄한 본사의 노하우를 바탕으로 다국적의 메뉴들을 출시하면서 새로운 맛, 다양한 맛을 원하는 고객을 만족시키고 있다.

미국뿐만 아니라 세계에서도 손꼽히는 대도시인 뉴욕에서는 곳곳에서 음식축제들이 열린다. 한 달에 한 번 이상 열리는 축제는 전

세계의 모든 음식을 맛볼 수 있다고 해도 과언이 아닌데, ㈜리치푸드의 〈뉴욕야시장〉은 여기서 브랜드의 아이덴티티를 찾기 시작했다. 그래서 단순히 주점, 포차 등의 성격만 갖고 있지 않다. 어떻게 보면 길거리 음식점 같은 분위기를 갖고 있으면서도 여행을 온 것 같은 착각을 일으키게 한다. 네온사인이 화려해 한밤중에도 환하지만, 한편으로는 발길을 옮기기 무서운 할렘가도 있다.

이러한 뉴욕의 개성을 한곳에 모으는 것이 바로 〈뉴욕야시장〉이 추구하는 분위기다.

2016년 리치푸드를 오픈하여 2018년 현재 30개 매장이 운영중이지만 사실 〈뉴욕야시장〉의 1호점은 직영점으로 2016년 6월에 오픈했다. 고객들은 열정적인 SNS 홍보에 나섰는데 뉴욕 같은 매장 분위기와 예쁘고 맛있는 메뉴, 그리고 자유의 여신상 등을 활용한 오픈 행사 등이 사진 찍기에도 좋았기 때문이다.

그 덕분에 전국적으로 러브 콜이 들어와 2017년 30개를 달성하게 됐다. 앞으로도 더욱 다양하고 참신한 이벤트와 신메뉴로 고객과 점주들의 기대를 모두 채워나가고 있다.

포차 혹은 미들비어에 가까운 〈뉴욕야시장〉은 이전의 스몰비어와는 다른 양상을 가진다. 메뉴가격이 마냥 저렴하거나 가격대비 양을 아주 많이 하지도 않았다. 하지만 그동안 여러 개의 브랜드를 성공시킨 프랜차이즈 본사의 노하우를 살려 고객이 원하는 것을 정확히 찾았다.

가격이 싸다고 해서 무조건 좋은 것이 아니다. 안주 가격이 지나치게 저렴하면 점주가 힘들게 매장을 운영해도 남는 게 없다. 그래서 고객의 마음이 움직일 수 있는 가격을 책정하고 메뉴를 만들어야 한다. 〈뉴욕야시장〉은 여기에 충실해 가격에 어울리는 메뉴를 만들면서 꾸준히 단골손님을 유치하며 발전하고 있다.

〈뉴욕야시장〉의 대표메뉴는 바로 스테이크. 런치 가격은 무려 6,900원으로 저렴하면서 알차 기대 이상의 반응을 얻을 수 있다. 직장인들이 점심시간에 1인 식사메뉴로 주문하면서 입소문이 났고, 부담스러운 고급 레스토랑보다는 편안하면서도 가볍게 즐길 수 있는 스테이크를 먹기 위해 매장을 찾는 고객들이 늘어났다.

주말에는 가족 단위의 고객을 어렵지 않게 볼 수 있다. '야시장'이라는 단어는 편안함을 주기 때문에 부담 없이 접근할 수 있다. 앞으로는 스테이크가 레스토랑 메뉴가 아닌 주점 메뉴로 변화할 것이다.

직영점인 〈뉴욕야시장〉 홍대점은 점심부터 매장을 오픈하고 있는데, 점심식사를 하러 오는 손님, 간단히 맥주 한잔을 즐기는 손님 등 다양한 고객층을 형성하고 있다. 매장 운영 시간이 길어져 부담스러울 수 있기 때문에, 모든 가맹점에게 강요하고 있는 부분은 아니다.

㈜리치푸드에는 주점 브랜드가 많은데, 통계를 보면 평일 새벽 시간에 매출이 생각보다 매우 낮다. 그래서 차라리 늦게까지 영업을 하는 것보다 일찍 영업을 시작하는 게 낫다고 생각한 것이다. 지방에서는 현재 목포점이 낮 운영을 하고 있는데 상권에 따라서는 좋은 반응도 나타나고 있다.

브랜드가 론칭한지 얼마 되지 않아 당분간은 분기별로 신메뉴가 나오고 있다. 지난 2016년 9월까지는 여름철 맥주 콘셉트에 맞춰 메뉴를 출시했다. 또한 신메뉴는 '월드투어'를 시작하는 느낌으로 베트남 스타일의 메뉴들이 6~7종 정도, 겨울은 행사가 많은 때인 만큼 플레이트 스타일의 메뉴를 적용했다. 매년 사계절 신메뉴가 구상돼 있을 정도로 철저하게 준비하고 있는 것이다.

중국에 매장이 많은 본사인 만큼 중국 티엔진에서 쇼핑몰 내 매장으로 〈뉴욕야시장〉을 운영중이다.

## 2. 포차·주점 신생브랜드의 틈새 성공 전략

### 1) 포장마차 안주, 홍대앞 〈광동포차〉

강남과 홍대앞 등 서울 주요 소비지대의 '포차'에는 '장'과 '마'가 없다. 서민의 애환을 달래주던 과거의 '포장마차' 대열에서 이탈한 지 이미 오래다. 이들은 공터나 길가가 아닌 빌딩 1층 또는 1, 2층에 터를 잡았다. 세련된 내외장이나 메뉴 구성부터 가격까지 고급 주점을 방불케 한다. 하지만 늘 아쉬웠던 것은 안주 맛이 가격에 비해 썩 만족스럽지 못한다는 점이다. 포장마차에 그런 아쉬움을 해결할 수 있을까? 홍대 앞 피카소거리 한복판, 서울 마포구 서교동 407-27 상아빌딩 1층에 자리한 〈광동포차〉가 해법이다.

40대 전후 기타리스트 하지용, 드러머 우광동, 가수 매니저 윤홍관 등 선후배 3명이 동업한 곳으로 가게 이름도 우씨의 이름을 따서 지었다. '동틀 때까지 술 마셔라'는 뜻으로 붙였을 뿐, '내 이름을 걸고 가게를 운영 한다'는 거창함은 아니었지만 "이름을 붙인 만큼 최소한 떳떳하게 장사해야겠다는 마음이 생기더라"고 입을 모은다.

그곳에서 접한 음식들을 벤치마킹해 포차 메뉴로 탈바꿈시켰다. 광동포차의 프랜차이즈화로 경쟁력의 원천인 안주에 올인을 하고 있다.

## 2) 소주도 스타일리시하게 〈포차in허닭〉

〈허닭치킨〉의 후속 브랜드로 론칭한 〈포차in허닭〉은 언뜻 보기에는 '포차' 라는 느낌이 전혀 들지 않는다. 정도의 차이는 있지만 대부분의 포차 브랜드들이 인테리어 면에서 길거리 포장마차의 이미지를 사용하고 소박한 분위기를 내는 것과는 대조된다. 〈포차in허닭〉은 치킨전문점과 전문포차메뉴의 결합, 그리고 모던하면서도 분위기 있는 펍과 같은 스타일로 여성 고객들의 열렬한 지지를 받으며 새로운 수요를 만들고 있다. 개그맨 허경환을 전면에 내세운 치킨전문점 〈허닭치킨〉을 운영해온 ㈜스타비즈컴퍼니는 치킨전문점과 실내포차를 결합한 형태의 주점인 〈포차in허닭〉을 론칭, 본격적인 가맹사업을 전개했다. 이곳 본부장은 주점 브랜드 개발을 위해 강남 일대의 주점들을 두루 살펴봤으나, 치킨과 포차를 동시에 하는 곳은 없었다고 한다. 물론 실내포차에서 치킨 메뉴를 내놓는 경우가 종종 있지만 구색 맞추기에 지나지 않아서 퀄리티가 떨어지는 경우가 많다. 이에 〈허닭치킨〉의 노하우를 100% 반영해 고퀄리티 치킨과 함께 포차 메뉴도 즐길 수 있는 〈포차in허닭〉을 론칭하기에 이르렀다고 말한다. 따라서 곡물파우더와 허브향 기름, MSG 무첨가 염지제를 사용한 기존 〈허닭치킨〉의 10여종의 치킨메뉴를 그대로 구성하고 여기에 '오뎅탕', '쫄뱅이', '국물닭발' 등 10여종의 포차 메뉴를 더했다.

〈포차in허닭〉을 단순한 치킨전문점과 포차형 주점의 결합으로 생각하면 곤란하다. 여기에는 업종 특성에 따른 매출에 대한 고민이 녹아있다. 〈포차in허닭〉은 치킨전문점이나 호프는 여름에는 호황을 누리는 반면 겨울에는 매출이 20~30%정도 하락해 겨울에 상대적으로 불리할 수 있다. 〈포차in허닭〉은 그러한 단점을 충분히 커버해 시기를 타지 않고 꾸준한 매출을 유지할 수 있다. 그야말로 사계절에 강한 영리한 아이템으로 거듭난 것이다.

이러한 브랜드 전략에 따라 최근에는 겨울을 대비한 포차 콘셉트 강화를 위해 신메뉴 개발에 사활을 걸고 있다. 현재 10여종의 포장마차 메뉴를 추가로 개발해 직영 매장에서 고객만족도조사를 진행 중에 있다.

〈포차in허닭〉은 본사 아래층에 위치한 직영점인 압구정점 오픈을 시작으로 현재 전국에 14개의 점포가 분포돼 있다. 각종 PPL 마케팅과 허경환의 〈허닭〉과의 시너지 덕분에 전국각지에서 가맹문의도 봇물이지만, 서두르지 않는다는 입장이다.

눈앞의 가맹점 개설 이익보다는 장기적으로 신뢰를 쌓는 롱런 브랜드로 만드는 게 목표라는 것이다. 〈포차in허닭〉은 최소 99㎡(30

평) 이상의 규모를 지향하며, 오피스 밀집지역이나 유동인구가 많은 주거상권을 위주로 점포개발을 하고 있다.

신개념 복합 매장을 지향하는 〈포차in허닭〉은 그에 맞게 유니크한 공간연출을 선보인다. 노출 콘크리트를 채택, 세월이 지남에 따라 오히려 클래식한 멋을 낼 수 있게 해 점포 리뉴얼의 부담을 없앴다. 또 전체적으로 블랙 컬러를 주로 하고 탑글라스 테이블을 공간 구획 없이 넓게 배치해 공간의 자유로움을 강조했다. 또 라운지바에서나 들릴 법한 그루브한 음악들로 스타일리시한 느낌을 한층 더했다. 옛 시절 향수를 불러일으키는 콘셉트의 실내포차들이 대부분이지만 타깃인 20~30대 고객층에게는 그들에게 친숙한 분위기와 환경을 조성하는게 낫다고 생각해 세련미를 강조한다.

브랜드 인지도 상승을 위한 드라마 PPL과 제작지원도 활발하다. KBS2TV '직장의 신' 과 '상어', MBC '금나와라 뚝딱', SBS '두 여자의 방', '황금의 제국' 등 지금까지 진행한 PPL 제작지원만해도 10여 개에 이른다. 점주에 대한 일회성 지원보다는 꾸준한 인지도 상승을 통해 이익을 주는 것을 중요시하기 때문에 앞으로도 PPL을 꾸준히 진행할 것이라고 밝히고 또한 100개 가맹점을 목표로 활동중이다.

## 3) 아웃도어 열풍을 탄 테마포차 〈캠핑포차〉

아웃도어 시장 열풍에 따라 포차 프랜차이즈에도 캠핑바람이 불고 있다. 캠핑전문기업인 엘제이코리아가 캠핑장 프랜차이즈 사업과 캠핑용품 렌탈사업을 병행해 활발한 가맹사업을 벌이고 있다. 〈캠핑포차〉에 이어 〈캠핑꾸이〉의 론칭에도 박차를 가하고 있어 지속적으로 캠핑 시리즈의 창업 아이템이 쏟아질 것으로 기대된다.

엘제이코리아는 캠핑 사업분야의 사업 노하우를 기반으로 테마 주점을 콘셉트로 한 자사만의 경쟁력 있는 포차 프랜차이즈 브랜드를 만들어 내고 있다. 엘제이코리아는 초기엔 고객들이 새로운 콘셉트의 포차에 대한 궁금증으로 많은 문의를 했다면, 현재는 도심 속 캠핑체험이라는 이색체험 고객과 캠핑메뉴에 대한 캠핑맛집의 인식변화가 크다. 하지만 예비 창업자들에게 일반 포차가 아닌 '캠핑'이라는 콘셉트를 갖는 만큼 캠핑에 대한 인식이 전제돼야 한다고 강조한다. 단순히 캠핑포차가 잘된다고 트렌드에 맡겨 오픈하기 보다는 꼭, 캠핑에 대해 먼저 숙지해야 한다고, 즉 창업 전에 충분히 캠핑을 체험해본다든가, 캠핑용품, 캠핑문화에 대해서도 미리 잘 알아보고 창업에 도전해야 경쟁력이 있을 것이라고 말한다. 특히 〈창업포차〉는 캠핑 용품에도 〈코베아〉나 〈콜맨〉과 같은 A/S가 확실한 브랜드 제품을 저렴하게 공급하는 것이 눈에 띈다.

　메뉴개발은 담당직원이 캠핑장을 순회하면서 캠핑전문가의 조언과 실질적인 체험을 통해서 많은 정보를 얻고 자체적으로 월 1회 신메뉴 테스트를 실시해서 분기별로 신메뉴를 선보인다. 본사에서는 매월 캠핑야유회를 떠나 메뉴개발 및 요리대회를 주최해 많은 아이디어를 얻는다. 〈캠핑포차〉의 주요 상권은 자본금이 있는 창업자라면 메인상권에 입점하는 것이 좋은데, 기존 포차 브랜드와 비교 시 매출에서 단연 경쟁력이 있다는 분석이다. 소자본 창업자들에게는 타운상권을 추천한다. 현재 경기침체로 프랜차이즈 시장이 어려움을 겪는 가운데, 타운상권 입점점포들은 승승장구하고 있다. 매장운영 인력은 99㎡(30평) 기준으로 봤을 때, 주방, 홀, 아르바이트 각각 1명 정도 운영되는 시스템을 구축해 운영비를 최소화할 수 있다. 〈캠핑포차〉의 특징은 또 인테리어에 대한 가변성이 크다는 점이다. 점포 내부에 텐트를 설치하다 보니, 주기적으로 내부배치를 편리하게 바꾼다거나 변화를 줄 수 있다. 또 인테리어 캠핑용품은 중고시장이 활성화 돼 언제든지 적절한 가격에 판매할 수 있는 것도 장점이다. 고객층은 연인에서부터 직장인들, 가족과 캠핑족들이 즐겨 찾고 있다.

## 4) 혼자 왔다 둘이 되는 〈쏠로포차〉

〈쏠로포차〉가 기존 포차와 다른 점은 젊은 남녀를 위해 직원들의 적극적인 부킹서비스가 이뤄진다는 점이다. 고객층은 20대 중후반에서 30대 초반 고객들이 주류를 이룬다.

이곳은 일상에 지치거나 지루함을 느끼는 젊은 20~30대에게 소소한 재미거리와 건전한 만남을 통해 색다른 경험을 갖게 해주고 있다. '헌팅'에 대한 안 좋은 인식을 깨고, 고객도 친구처럼 만날 수 있는 공간이다. 이것이 바로 다른 포차와 다른 점이다. 그러다 보니 직원들마다 단골고객인 VIP고객 카드가 있을 정도로 600명의 단골고객을 확보하고 있으며 목표는 2,000명이다. 목표가 달성되면 포차에서 매출 1위를 달성하게 될 것이라고, 현재는 점포 규모의 한계로 인해 3포차 가운데 3위에 머물지만, 이를 뛰어넘는 운영으로 1위를 달성할 것이라는 자신감이다.

홍대만 해도 실내포장마차가 50곳은 존재한다. 부킹을 콘셉트로 하는 포차는 〈쏠로포차〉가 유일하다. 고객을 맞는 입장에서는 담점이 될 수도 있지만, 3년 동안 점포를 운영해오면서 〈쏠로포차〉만의 특별한 운영 색깔을 분명히 가지며, 선전해 오고 있다. 메뉴도 다른 포차에서 보인 천편일률적인 것에서 벗어나 '돈가스 짬뽕', '오돌뼈 주먹밥', '흠뻑 부대찌개', '끈적한 꿀닭', '작살오뎅바' 등 아이디어 넘치는 메뉴구성과 네이밍이 돋보인다.

다른 포차에 비해 가격은 비싼편이나, 음식 양과 고객이 원하면 추가로 제공하는 서비스가 있기에 고객들로부터 비싸다는 클레임을 받아본 적이 없다. 〈쏠로포차〉를 간판까지 그대로 모방한다거나 스마트폰을 활용해 부킹을 주도하는 곳도 있지만 개의치 않는다. 홍대 〈쏠로포차〉에서 줄 수 없는 고객과 직원들과의 친밀감이나 감성은 그 어디에서 줄 수 없다는 것을 잘 알기 때문이다.

팀장 이하 직원들이 자신들만의 VIP고객관리를 하는 것이 힘들기도 하지만, 그 어떤 포차에서도 고객들에게 친구처럼 다가가는 포차는 없다는 자부심으로 임하고 있다. 점포 운영시스템을 더욱 체계적으로 구축하는 것이 목표이며 평일을 주말처럼 운영하겠다는 것이 목표다.

## 5) 3,900원이 주는 맛과 행복 〈삼구포차〉

'대한민국 주점혁명! 모든 안주 3,900원', 〈삼구포차〉를 간결하고 함축적으로 잘 표현한 문구다. 일부 안주가 아닌 모든 안주를 파격적으로 저렴한 가격 3,900원에 판매하고 거기에다 양과 맛도 만족스럽다면 그 주점에는 어떠한 일들이 벌어질까. 지금 〈삼구포차〉가

자기만의 메리트를 살려 주점혁명을 일으키고 있다. 모든 안주가 3,900원이라서 지어진 〈삼구포차〉는 두말할 것도 없이 〈삼구포차〉의 가장 큰 강점이자 매력은 의심이 될 정도의 저렴한 가격이다. 모든 안주가 3,900원에다가 '어떻게 이렇게 쌀 수가 있지? 라는 의구심으로 먹어보면 생각보다 맛있어서 더 놀라게 되는 것이 고객들을 끌어들이는 원동력이다.

현재 〈삼구포차〉는 가맹점주에게도 고객에게도 폭발적인 반응을 얻고 있다. 직영점이 이렇듯 빠르게 성장하는 밑바탕에는 십여년 넘게 프랜차이즈 업계에서 쌓은 노하우와 깨달음이 큰 몫을 했다. 프랜차이즈 업계에서 산전수전 겪으면서 통달한 노하우가 〈삼구포차〉를 이끌어 온 견인차가 된 것이다. 〈삼구포차〉는 대한민국에서 가장 저렴한 안주가격의 마지노선이 얼마일까 라는 생각에서 출발했다. 보통 안주가격이 이렇게 저렴하면 수익률이 거의 남지 않을 것이라고 생각하는데 브랜드를 방문하는 고객이 20대 초반이 많아, 주류 판매가 잘 이뤄지는 편이다. 때문에 원가율은 낮고 그에 비해 주류 매출액이 높아 고수익을 확보할 수 있는 것이다.

〈삼구포차〉는 서울에 매장이 있고 경기권과 지방에 30여개의 매장을 운영하고 있다. 보통 서울을 중심으로 브랜드를 키워나가다 어느 정도 입지가 단단해지면 지방까지 확대해나가는 전략과는 전혀 다른 전략을 이용한 것이다. 프랜차이즈의 과열된 경쟁시스템에서 같이 경쟁했을 때 승산이 크지 않을 것이라는 것을 내다보고 선택한 전략이 다행히 더 좋은 결과를 이뤄낸 셈이다.

권리금이 거의 들지 않는 외곽 지역의 낡은 건물에서 처음 시작했다. 1층 보다는 2~5층의 지상층을 택해 투자비용의 부담이 거의 없는데다 저렴한 가격과 그에 비해 맛도 괜찮은 안주라는 아이템이 잘 맞아 떨여져 붐이 일어날 수 있던 것이다. 저녁 8시가 넘으면 앉을 자리가 없을 정도로 손님이 많다. 〈삼구포차〉는 경기권 뿐만 아니라 지방에서도 러브콜이 이어지고 있다. 부산은 프랜차이즈를 설립하는 최대치가 10개에서 13개 정도인데 현재 7~8개 정도가 계약체결을 이미 끝낸 상태다. 이렇듯 외곽서부터 일어난 붐이 입소문을 타고 호황을 누리게 되면서 〈삼구포차〉를 모방한 유사 브랜드까지 생기는 등 웃을 수 없는 골칫거리까지 늘어났다.

〈삼구포차〉는 외곽서부터 탄탄히 쌓은 힘을 모아 정면 승부를 걸고 있다. 랭킹 세븐에 드는 안주거리와 발랄한 복고 인테리어도 젊은 층의 발길을 모으는데 쌍두마차 역할을 하고 있다. 특히 보기에도 푸짐한 왕계란말이, 속이 든든하면서도 얼큰한 부대찌개, 매콤하면서도 부드러운 김치치즈전 등은 젊은 층에게 부담 없이 맛있게 먹는 안주로, 큰 인기를 끌고 있다. 여기에다 새로운 메뉴로 개발된

닭볶음탕, 오돌뼈도 3,900원에 맛볼 수 있어 고객들의 술 먹는 흥을 돋우고 있다. 또 '응답하라, 1998'의 복고열풍을 이은 복고 인테리어로 고객들의 충만한 감성을 깨우면서도 '인류는 왜 삼구를 택했는가', '오늘 먹을 술을 내일로 미루지 말자' 등의 감각적이고도 톡톡튀는 문구로 젊은 층의 술 먹는 재미를 한층 살리고 있다. 현재 〈삼구포차〉는 분기별로 메뉴 개발을 하고 있으며 경기도 광주에 자체 소스공장을 보유하는 등 브랜드 파워를 키우는 노력에도 심혈을 기울이고 있다. 궁극적으로 추구하는 것은 가맹점주, 협력업체, 고객들과의 소통이다. 소통하려면 본사에 힘이 필수이고 결국 본사가 브랜드 파워를 가졌을 때 서로가 바라는 소통을 할 수 있다는 것을 알기 때문에 더욱더 탄탄하게 본사의 힘을 기르는데 주력하고 있다.

## 6) 비 내리는 길거리 포장마차 〈포차어게인〉

정통 삼겹살 전문점 〈구이가〉로 알려진 외식프랜차이즈 선문기업 가업FC가 '비 오는 길거리 포장마차'를 매장 내에 재현한 〈포차어게인〉으로 가맹사업을 본격화하였다.

지난 2015년 11월 안양 1번가에 처음으로 문을 연 〈포차어게인〉은 최근 강남 직영점과 대치점, 논현점 등 강남권에서 매장을 속속 오픈하며 본격적인 가맹점 확장에 나서고 있다. 〈포차어게인〉은 7080 길거리 분위기에, 비 내리는 날 빗소리를 들으며 편안하게 즐기는 포장마차의 낭만을 느낄 수 있도록 연출한 것이 특징이다. 기존 복고 콘셉트만을 차용한 것이 아닌, 실제 포장마차처럼 꾸며진 테이블 위의 처마에서는 가느다란 물줄기가 흘러내려 비 오는 날 야외 포장마차에서 술을 즐기는 듯한 분위기를 자아내 고객들로부터 인기다. 점포 인테리어는 실제 아스팔트 도로와 같은 바닥에 도로 이정표, 버스 승강장, 빨간 우체통, 공중전화, 전봇대, 나무 등의 소품을 배치해 길거리를 연상케 한다. 또 벽돌 장식과 함께 이발소, 극장, 다방 등 상점이 늘어선 듯한 한쪽 벽면과 벽에 붙어 있는 오래된 포스터들이 옛 동네의 정취를 물씬 풍긴다. 점포 내에 매대를 입점시켜 길거리 떡볶이 포장마차에서 손님들이 직접 떡볶이나 순대, 닭발, 오뎅, 국수 등을 셀프로 사먹는 재미를 더해 포장마차 분위기를 더했다.

〈포차어게인〉은 각 점포마다 상권과 고객층에 따라 다양한 퍼포먼스를 활발하게 펼친다. 비오는 점포 내에서 1시간에 한 번씩 천둥과 번개를 치게 한다던가, 뮤직 박스를 들여놓거나 7080 시대에 젊은이들이 즐겨갔을 법한 디스코텍을 연상케 하는 음악을 틀어줘 춤추는 시간을 마련하 등 다양한 퍼포먼스를 점포별 특성에 맞게 펼쳐

나간다. 주요 고객층이 20대 초중반이 주류를 이루고 있어 다양한 이벤트와 퍼포먼스로 재미를 더한다.

신규 브랜드 개발과정에서 복고와 가성비가 좋은 아이템에 대해 많은 고민을 했지만 '응답하라' 시리즈가 나오면서 더욱 확신을 굳힐 수 있었고 반짝 트렌드가 아닌, 오랫동안 운영할 수 있는 브랜드를 만드는데 주력했다.

〈포차어게인〉의 점포입지는 주로 무권리 매장인 건물의 2층이나 3층에 문을 열어 1층 매장에 비해 접근성에 대한 약점이 있지만, 실내에 재현한 옛 시절 비 오는 길거리와 곳곳에 향수를 떠올릴 수 있는 요소로 차별화를 부각시켰다. 점포운영을 시작하면서 고객들의 반응은 폭발적이었고, 영업이 잘되다보니 예비창업자들의 움직임도 속속 반응을 보이고 있다.

〈포차어게인〉은 100개점을 목표로 하며 점포도 다양하게 운영해 나가고 있다. 점포는 임대료 비용을 절감할 수 있는 2~3층을 선호하지만, 어느 정도 점포가 포진된 상황에서는 1층 165㎡(50평)까지도 점포를 확산시켜 나갈 계획이다. 또 주택가에도 90~132㎡(30~40)대 규모로 입점을 도울 생각이다. 메뉴 구성도 점포에서 조리를 해야 가능한 메뉴들로 구성해 맛을 유지시키며, 신메뉴는 6개월 단위로 변경시켜나간다.

포차라는 특성상, 새벽영업을 하다 보니 가맹점주들의 경우 열정적이면서도 젊은층이 많아 점포 운영에도 시너지 효과를 낳고 있다.

경기가 어렵다 보니 포장마차 브랜드가 저가로 즐길 수 있는 가격대와 소자본으로 창업할 수 있는 브랜드들이 속속 생겨나고 있다. 하지만 점포의 맛과 서비스가 우려되며 장수 브랜드로 나아갈 수 있을지 의문이지만 〈포차어게인〉은 165㎡(50평)대 이상의 점포 규모의 2, 3층을 공략할 수 있는 창업아이템으로서 테이블단가 3만원~3만 5,000원대의 매출을 올리는 좋은 상권을 적극 공략해 나갈 것이라고 강조한다. 공격적인 점포 전개를 해나간 뒤 〈구이가〉의 해외진출 바톤을 이어 해외진출도 도전해 나간다.

〈구이가〉로 프랜차이즈의 내공을 쌓아올 수 있었던 것은 '원칙이 안 되면 안 한다'는 마인드로 가맹점의 중복상권 입점 거부 등 정도를 걷는 점포 전개를 해왔다. 기업 FC의 주력 브랜드인 〈구이가〉는 현재 80여개 점포가 운영하고 있으며, 초밥 아이템인 신규 브랜드 론칭도 시작했다.

## 7) 추억의 옛동네 〈한남동, 그집〉

프랜차이즈 시스템의 장점 중 하나는 바로 간편함이다. 특히 메뉴

의 원팩 시스템은 프랜차이즈를 선택하게 하는 가장 큰 이유 중의
하나다. 하지만 〈한남동, 그집〉은 가장 큰 자랑거리는 매장에서 모
든 것을 직접 조리하는 수제요리로 꼽는다. 간단한 대신 맛이 덜한
원팩과 힘들지만 정성과 맛이 가득한 수제요리 중 〈한남동, 그집〉이
선택한 것은 바로 고객을 위한 방법이었다.

여러 프랜차이즈 브랜드를 운영하고 있는 본사 이심전심(주)에서
만든 브랜드 〈한남동, 그집〉은 처음부터 프랜차이즈를 염두에 두지
는 않았다. 7~8년 전 처음 론칭했지만 시스템이 프랜차이즈와는 잘
어울리지 않았기 때문이다. 하지만 조금씩 자리를 잡으면서 인기를
얻었고, 운영 노하우가 쌓이면서 프랜차이즈가 가능해질 수 있었다.

〈한남동, 그집〉의 가장 큰 장점으로 원팩 시스템이 아니라는 점을
꼽는다. 모든 메뉴가 수제요리이기 때문에 원팩 시스템을 사용하지
않고 있다. 때문에 프랜차이즈도 오랫동안 하지 않았다. 지금은 체계
적인 요리 매뉴얼을 가지고 있기 때문에 어렵지 않게 할 수 있지만,
다른 프랜차이즈 브랜드보다 손이 많이 가는 것은 사실이다. 하지만
그만큼 맛이 있고 고객들이 기억해 주기 때문에 점주들도 힘들지 않
다.

원팩 시스템은 편하기는 하지만 고객에게 제공되는 맛도 점주의
이익도 떨어뜨린다. 그렇기 때문에 본사에서는 조금 힘들더라도 2~3

주 정도의 교육을 받고 요리를 한다. 창업을 하겠다는 열정이 바탕이 된 데다 전문 요리사가 점주를 상대로 1:1교육을 하기 때문에 습득도 빠른 편이다. 요리에서 가장 중요한 맛이 나오지 않으면 매장을 오픈할 수 없기 때문에 대부분 정해진 기간 내에 문제없이 교육을 마친다.

메뉴 한 개의 단가가 점점 떨어지고 있기 때문에 〈한남동, 그집〉의 메뉴가 상대적으로 높게 느껴질 수도 있다. 하지만 일단 안주가 나오면 그런 생각이 싹 사라진다. 실제로 양이나 질에 비해서는 저렴하다는 생각이 들 정도이기 때문이다. 덕분에 식사로도 안주로도 손색이 없어 다양한 연령대의 손님이 이른 저녁부터 늦은 새벽까지 〈한남동, 그집〉을 방문하고 있다.

전통 요리와 퓨전 요리를 오가는 다양하면서도 맛있는 메뉴는 단골고객을 유지하는 데 큰 힘이 된다. 새로운 메뉴 개발을 할 때는 회의실이나 사무실이 아닌 술자리나 식사시간이 주가 된다. 다양한 이야기를 하면서 그때그때 떠오르는 아이디어를 이야기하다 보니 좋은 아이템이 나오는 것이다. 인기 있는 대표 메뉴는 대부분 그렇게 해서 나온 경우가 많다. 〈한남동, 그집〉 본점은 한남동에 있는데, 매장 안에는 예전 한남동을 찍은 사진들이 있다. 50년 전의 한남동 모습이 어땠는지를 사진으로 보다보면 옛 생각이 떠오르는 것은 당

연지사다. 덕분에 향수를 느끼면서 편안하게 이야기할 수 있다. 다른 지점들의 경우 해당 지역의 예전 사진으로 벽면을 장식해 같지만 다른효과를 낸다는 것도 특징 중 하나다.

음악 역시 마찬가지다. 최신곡은 아예 나오지 않고 1990년대 전후의 노래만 들을 수 있기 때문에 30대 중반에서 40대 초반의 고객들이 특히 즐거워한다. 과하지 않은 복고풍 인테리어, 추억에 잠길 수 있는 노래로 편안한 레트로를 가진 〈한남동, 그집〉은 20대에게도 인기를 얻어 어느 한 특정 세대가 아닌 다양한 연령대가 방문하고 있다.

점주가 직접 요리를 하고 옛날 분위기를 살리고 있지만 〈한남동, 그집〉의 매장은 크지 않다. 가장 추천하는 매장 크기가 49.5㎡(15평)으로, 테이블이 6개 정도 들어가는데 부부가 운영하기에도 충분하다. 처음에는 분위기를 잘 살릴 수 있는 대형매장으로 가기 위해 강남쪽에 198.3㎡(60평대)매장까지 오픈했다. 하지만 〈한남동, 그집〉의 분위기를 만나는데 굳이 큰 매장만 고집할 필요가 없다고 느껴 중소형 매장과 대형 매장으로 선택할 수 있도록 한 것이다.

〈한남동, 그집〉은 마케팅 역시 정성으로 한다. 매일매일 인터넷에 브랜드의 매력을 알리는 기사를 올리고 있으며 SNS도 꾸준히 하며 고객들에게 더 가까이 다가가기 위해 노력하고 있다. 쉽게 만들기 어려운 신메뉴 역시 분기별로 나오지만, '재래식 주점'을 표방하는 콘셉트이기 때문에 양보다는 질로 승부하고 있다. 앞으로는 포차나 재래식이라는 단어에 너무 집중하지 않으면서 퓨전 메뉴개발을 구상 중이다. 처음부터 요리가 있는 주점을 만들고 싶었고, 고객들의 다양한 입맛을 맞추기 위해서 꾸준히 달라져야 했다. 옛날 분위기는 살리지만 그 안에서 새로운 것을 찾아가면서 10년이 지나도 다시 오고 싶은 주점이 되는 것이 꿈이다.

〈한남동, 그집〉의 Hot menu는 철판김치보쌈이다. 매장에서 직접 만드는 수제 요리로 보쌈, 두부, 김치, 숙주나물 볶음이 철판 위에 함께 제공된다. 양이 푸짐한데다가 식사부터 안주까지 가능하기 때문에 인기가 많다. 특히 철판김치보쌈의 보쌈은 매장에서 직접 삶기 때문에 더욱 맛있게 먹을 수 있다. 이 메뉴를 먹어보고 반해서 가맹점을 오픈하는 점주도 있을 정도다.

## 8) 우동 한 그릇에서 시작된 〈땡초야시장〉

포장마차의 대표 메뉴로 우동을 빼놓고는 이야기 할 수 없다. 출출할 때도 우동 한 그릇, 안주로도 우동 한 그릇이면 저렴하고 넉넉한 시간을 보낼 수 있기 때문이다. 〈땡초우동〉 그리고 시즌 2라고 할 수 있는 〈땡초야시장〉의 대표 메뉴이자 성공 노하우 역시 우동이다. 어디에서도 맛볼 수 없는 특유의 매콤한 우동은 술을 부르고 그 술은 다시 우동을 부른다.

2012년에 오픈한 〈땡초우동〉은 우동 단품으로 시작했다. 처음에는 얼큰한 우동만 판매했는데 손님들이 소주를 찾았고 우동과 술을 찾는 사람들이 늘어나면서 메뉴를 하나둘씩 늘려가게 되었다. 그러다 보니 매장도 조금씩 늘어갔다. 그리고 매장이 6개가 될 무렵, 지금의 대표와 본부장이 본격적인 프랜차이즈 브랜드로 만들어 활발하게 가맹점 모집을 시작했다. 브랜드의 캐릭터는 본부장으로, 그는 풍부한 경험을 바탕으로 메뉴, 경영 등 핵심 업무를 맡고 있다.

〈땡초우동〉에서는 요리와 운영을 함께했는데, 메뉴가 매우 매력적이라서 충분히 비전을 가지고 있다고 생각했다. 그런데 브랜드를 인수하고 조금씩 발전을 하면서 시즌 2인 〈땡초야시장〉을 시작하게 되었다. 브랜드 캐릭터만큼 책임감을 갖고 일하고 있다.

땡초는 고추 종류 중 하나로 매우 한국적인 이름이기 때문에 한 번 들으면 잊혀 지지 않는다. 게다가 외관이나 분위기는 포장마차인데 우동에 소주를 팔다 보니 금세 지역의 명소가 됐다. 〈땡초우동〉의 경우 어느 정도 유동인구가 있는 동네 상권에 들어가도 장사가 잘 되는 편이다. 고객들이 우동을 찾는 이유는 간편한 메뉴이기 때문이다. 집에 가기 전에 간단히 먹을 수도 있고, 술 한 잔 하기에도 딱 좋은 메뉴다. 그래서 가볍게 자주 먹으러 가다 보니 지역의 명소가 된 것이다.

〈땡초야시장〉은 메뉴 구성이 복잡하지 않다. 여러 가지를 만드는 것보다는 정말 맛 좋은 메뉴를 만들고 싶었기 때문이다. 그러다 보니 전체적으로 메뉴에 고른 정성이 들어가고, 고객들도 모든 메뉴가 다 맛있다고 할 정도다. 메뉴가 너무 많으면 맛에 대한 의심이 생기지만 〈땡초야시장〉은 메뉴가 많지 않아서 오히려 신뢰를 얻을 수 있다. 가짓수가 얼마 되지 않아 다 잘 하겠지 라는 막연한 신뢰지만 한번 방문하고 나면 모두 만족해한다. 첫 매장부터 작게 시작했고 콘셉트 자체가 동네에서 자주 찾는 단골집이었기 때문에 33㎡(10평) 정도의 작은 매장도 많이 있다. 〈땡초야시장〉으로 업그레이드 된 이후에는 66㎡(20평) 정도의 매장도 있지만, 고정 비용이 많이 들기 때문에 넓은 매장은 선호하지 않아 소형 창업으로도 제격이다. 큰 매장이 아니고 단골손님이 어느 정도 자리를 잡게 되면 매장 운영은 어렵지 않다. 가맹점 중 춘천점의 경우 사실 자리가 썩 좋지 않아 오픈 전에는 걱정이 많이 됐는데 기대 이상으로 반응이 좋아 매출도 예상보다 상당히 잘 나오고 있다. 역시 맛이 가장 중요하다는 것을 다시 한 번 경험한 것이다.

〈땡초야시장〉의 인테리어는 한국적 레트로라고 말할 수 있다. 우리나라에서 인기 있는 대부분의 포차 브랜드는 지나치게 복고 느낌인데, 그보다는 모던한 느낌을 더해서 개성을 살리고 싶었기 때문이다. 많은 포차 브랜드들이 마치 영화 세트장 같은 느낌을 주거나 포차 느낌이라고 보기 어려운 현대적인 인테리어를 하고 있다. 그래서 그 중간의 분위기를 만들고 싶었다. 그러다 보니 지금의 인테리어가 나왔는데 앞으로도 〈땡초우동〉 그리고 〈땡초야시장〉이 동네의 명소가 된 것이다.

중저가 메뉴로 부담 없이 방문하면서도 질은 떨어뜨리지 않도록 하는 것도 그런 이유 때문이다. 아직은 서울보다는 지방에 매장이 더 많은 편인데, 내실을 튼튼히 하면서 전국 어디에서나 〈땡초우동〉의 우동을 맛보게 하는 것이 최종적인 목표다. 지금의 〈땡초야시장〉이 가능해지도록 프랜차이즈 시스템을 만드는데 약 1년이 걸렸다고 한다. 단순히 메뉴나 매장 운영 시스템이 아닌 마케팅, 세무, 노무 등의 문제까지 완비해 중간에 가맹사업을 시작하고 싶다는 유혹도 느꼈지만 시스템이 제대로 안되면 가맹점이 늘어날수록 더 힘들어질 것이라고 생각했다. 이를 바탕으로 앞으로 전국의 모든 국민들이 땡초우동을 먹을 수 있고, 자장면처럼 우동이, 그 중에서도 〈땡초우동〉이 우리나라의 대표 음식이 될 수 있도록 만들겠다는 것이 〈땡초야시장〉의 경영 목표다.

이곳의 Hot menu는 땡초우동이다. 예전에 포장마차에서 팔던 우동은 시원한 느낌이 강했지만 땡초우동은 적당히 맵고 얼큰한 맛을 가지고 있다. 기존 포차에서 팔던 우동의 시원함을 〈땡초우동〉만의 특수 비법으로 만든 양념으로 한 단계 업그레이드 했다고 할 수 있다. 한번 먹어보면 계속 생각나는 맛을 추구한다. 어디에서도 맛 볼 수 없는 특별한 우동과 원팩부터 세무. 노무까지 완벽히 준비된 경영 시스템이 이곳의 콘셉트이다.

## 9) 막걸리와 안주의 결합 〈느린마을양조장&펍〉

지난 2010년 첫 선을 보였던 배상면주가의 '느린마을양조장'이 '느린마을양조장&펍'을 거쳐 '느린마을양조장&푸드'로 새롭게 태어났다. 2016년 2월 정부의 양조 시설 기준 완화로 소규모 주류 제조가 가능해지면서 도심형 하우스 막걸리 양조장과 주점을 결합한 콘셉트가 소형 매장에서도 가능해졌다. 2016년에는 다채로운 안주까지 강화되면서 지난 2015년 7월부터 배달 서비스를 시작, 치맥을 대신할 새로운 메뉴를 선보인 것이다.

195분간 느린마을 양조장 막걸리에 재운 뒤 그릴에 구워 낸 풍부한 맛의 돼지 목살 그릴 스테이크, 감미료와 인공첨가물이 들어가지 않은 느린마을 수제 생막걸리의 톡쏘는 상큼한 맛과 잘 어울린다.

80분간 막걸리에 숙성시켜 입안에서 부드럽게 씹히는 닭고기에 스테이크다. 상큼한 깻잎과 입안에서 톡톡 터지는 날치알을 함께 싸먹으면 씹는 재미가 쏠쏠하다. 라이스라거 R4는 쌀과 홉을 합게 발효시켜 빚어낸 맥주 스타일의 청주다. 주원료로 보리 대신 쌀을 쓰며, 세 가지 아로마홉을 기존 맥주의 2배의 이상 사용하여 풍성한 아로마향이 불맛 가득한 닭고기 스테이크와 잘 어울린다.

안주 메뉴 강화된 느린마을양조장&푸드는 전통주로 유명한 배상면주가가 느린마을 양조장을 설립하고 외식사업에 본격적으로 뛰어든 것은 지난 2010년이었다. 도시형 미니막걸리 양조장인 느린마을 양조장을 서울 양재동에 처음 오픈하고 고객들이 직접 막걸리를 빚어 먹는 콘셉트를 도입해서 신선한 막걸리를 선보였다.

처음에는 막걸리 중심의 주류 위주로 선보였지만 가볍게 술을 마시면서 식사도 겸하는 트렌드를 반영해 2011년 느린마을양조장&펍으로 브랜드명을 변경, 안주류를 강화하고 올해부터는 본격적으로 '느린마을양조장&푸드' 로 리브랜딩한 것이다.

지난 2월에는 막걸리를 넣은 다양한 안주류를 선보이며 대대적인 메뉴 개편에 나섰는데 막걸리 훈증법으로 고기의 잡냄새를 없애고

육질을 부드럽게 한 양조장 막고기 한 접시를 비롯해 195분 간 양조장 막걸리에 재운 뒤 그릴에 구워 풍부한 맛을 살린 양조장 돼지목살 그릴스테이크, 80분간 막걸리에 숙성시켜 부드러운 육질에 매콤한 불맛소스를 더한 양조장 치킨 그릴스테이크 등을 새롭게 선보였다.

막걸리와 환상의 궁합을 자랑하는 전류도 해물파전을 비롯해 소고기육전, 오징어순대전, 불고기치즈전까지 다채롭게 준비했고 담백한 제육두부김치와 가오리 회무침, 낙지 호롱구이 등 한식 위주의 안주류를 제공한다. 주류는 매장 내 양조장에서 직접 제조한 느린마을막걸리와 배상면주가에서 공급하는 약주 등 20여 종이다. 특히 매장에서 빚은 느린마을 수제 하우스 막걸리는 인공감미료를 사용하지 않고 국내산 쌀로만 빚어 당일 생산, 당일 판매를 원칙으로 신선하게 제공한다.

배상면주가의 노하우가 담긴 양조 기술력을 가지고 느린마을양조장&푸드 본사에서는 수년간 직영점 운영으로 터득한 노하우를 바탕으로 가맹점에서도 쉽게 하우스 막걸리를 제조하도록 지원하고 있다. 프랜차이즈 본부의 운영팀에서 가맹점 오픈 전부터 오픈 후까지 소규모탁주 제조면허증 발급, 양조 시스템 등에 관한 교육을 진행한다.

양조설비도 첨단 IOT(Internet of Things, 사물인터넷) 기술을 적용해서 전국 어느 매장에서나 동일한 원격관리시스템으로 맛을 일정하게 유지시킨다. 배상면주가의 전통주에 대한 노하우와 전문 양조인이 직접 설계한 시스템을 통해 누구나 손쉽게 막걸리를 빚고 관리할 수 있다.

누룩, 쌀과 같은 양조 원자재를 본사에서 공급, 표준화 규격화된 막걸리 맛을 낼 수 있고 배상면주가만의 발효기술과 비열처리 생쌀발효법으로 전통 주조 기술을 살리면서 쉽고 간편하게 막걸리를 만들 수 있다.

20여 종의 안주류는 반조리 상태로 매장에 공급, 조리 경력이 전무하더라도 간단히 조리할 수 있다. 본사에서는 전문 조리 바이저를 각 가맹점에 파견해 조리법에 대한 교육을 지원하고 안주 퀄리티도 일정하게 관리 중이다.

느린마을양조장&푸드는 주류 배달이 허용됨에 따라 지난 7월부터 음식 배달 서비스 업체인 푸드플라이를 통해 막걸리와 안주 배달 서비스를 시작했다. 대표메뉴인 목살 스테이크 등 고기 메뉴를 비롯해 김치전, 육전 등 전 메뉴와 가오리 회무침, 골뱅이와 쫄면 등 가장 인기가 많은 8가지 메뉴와 매장에서 직접 양조한 느린마을 막걸리를 1리터 병에 담아 제공한다. 양재점, 신논현점, 센터원점, 연남점 등 직영점 4개 매장에서 배달 서비스를 시행했고 향후 고객 반응에 따라 점차적으로 가맹점의 배달 서비스도 진행하고 있다.

브랜드 경쟁력으로 본사에서 지원하는 양조 관리 시스템과 CK에서 공급하는 식사로도 손색없는 안주메뉴 및 양조장을 눈으로 확인할 수 있는 매장 인테리어다.

2010년 7월 브랜드를 론칭했으며, 매장수는 10개(2017년 7월)이며, 창업비용 약 7500만 ~ 1억 원 내외 (매장 규모별 상이)로 전화는 1544-8550이다.


## 10) 트렌디한 모던 콘셉트, 젊은 점주 선호 〈경성주막〉


'땡잡았다', '양치는 아저씨', '삼육공'을 운영 중인 피에스피에프앤디(PSP F&D)에서 론칭한 모던 이자카야 브랜드다. 일식에 한식을 접목한 퓨전 안주류와 모던하면서 세련된 인테리어로 젊은 고객층을 두텁게 형성하고 있다. 매장을 찾아 왔던 고객들이 음식의 맛과 분위기에 반해 창업을 선택하는 경우도 다수. 전체 35개 매장의 약 30% 이상을 20~30대의 젊은 점주들이 운영하고 있다.

220g의 소고기 부챗살 스테이크를 1만5000원이라는 합리적인 가격에 선보여 인기를 얻고 있다. 여기에 일본 니가타현 카토 주조에

서 제조한 쌀 100% 프리미엄 사케를 직수입, 리브랜딩 작업을 거친 뒤 경성준마이로 선보이고 있다. 깔끔하고 상쾌한 맛이 소고기 부채살 스테이크의 느끼함을 잡아주는 평이다.

차돌박이와 숙주, 면을 자체 제작 소스로 불맛 나게 볶아낸 퓨전 요리다. 숙주를 푸짐하게 넣어 아삭한 식감과 볼륨감을 살렸다. 경성이십도는 국순당과 협업으로 단독 출시한 저온숙성 청주다. 20도의 진하고 담백한 풍미와 부드러운 목넘김으로 남성 고객들의 반응이 좋다. 5000원의 부담없는 가격에 테이블당 2~3병은 기본으로 주문, 추가 안주 매출로 이어지는 효과가 있다.

1929년을 재해석한 현대 주막 콘셉트의 경성주막 1929는 퓨전 메뉴와 이자카야 문화가 적절히 어우러지는 이자카야식 포장마차다. 김치오코노미야키, 일본식 다시 소스가 들어간 알탕 등 일식과 한식을 접목한 퓨전 안주류와 10여 종의 사케를 포함한 다양한 주류를 선보이는데 일식과 한식의 조합이라는 콘텐츠를 경성주막이라는 브랜드명에 담아내고자 했다.

매장의 소프트웨어 격인 메뉴 구성과 주류는 우리나라와 일본의 문화가 혼재되어 있던 일제시대 경성을 모티브로 잡았다면 매장의 하드웨어인 인테리어는 현대적인 감각으로 풀어냈다. 매장 안쪽 검은색 벽면으로 모던함을 표현하면서 목재 장식을 중간중간 배치해

빈티지함을 살린 것. 주점업의 특성상 고객들의 감성을 자극하는 분위기가 중요한 요소인만큼 경성주막만의 독특한 분위기는 20~30대 젊은 고객들의 호기심을 자극하는 포인트다. 인테리어 비용은 평당 150만 원 선. 기존 이자카야 보다 목재 사용 비중을 낮춰 평당 200만 원 선인 인테리어 비용보다 저렴한 비용으로 창업이 가능하다.

트렌디한 메뉴를 빠르게 도입한 경성주막은 요리 주점으로서 소비자 반응이 좋은 트렌디한 안주 구성에 중점을 둔다. 10여 명의 본사 R&D팀 직원들은 소비자 트렌드를 파악하고 해외의 다양한 신메뉴를 직접 먹어본 뒤 퓨전요리로 재해석하는 작업을 진행하고 있다.

경성주막의 대표메뉴인 차돌숙주 데판야끼의 경우 일본식 철판요리와 동남아풍 볶음면에 한국식 간장소스를 접목한 요리다. 김치오코노미야키는 우리나라의 김치전과 일본식 오코노미야키를 접목한 요리고 쉬림프토마토소바샐러드도 한식과 일식이 가미된 다국적 퓨전요리다.

고객과 비슷한 연령대의 점주들이 많은 특성상 최신 트렌드와 고객 취향을 빠르게 받아들이고 소비자 반응에 대한 피드백이 정확게 이뤄진다는 게 특징이다. 본사는 가맹점의 의견을 즉각적으로 반영해서 메뉴를 교체하는 작업을 수시로 진행하고 있다. 세팅지 1장으로 메뉴판을 대신하는 이유도 메뉴판을 지속적으로 교체해야 하는 번거로움을 없애기 위해서다.

이처럼 본사의 지속적인 메뉴개발을 통해 퀄리티 높은 메뉴를 구성, 철판요리부터 일품요리, 튀김류와 구이, 꼬치, 나베, 사시미 등 인기 메뉴만을 선보이며 고객 만족도를 높였다.

중저가 안주 구성으로 고급 주류 매출 UP시킨 경성주막은 안주 가격대가 높아질수록 고급 주류 주문을 꺼리는 고객들의 심리를 반영해서 안주의 단가는 낮추되 고급 주류의 매출 비율을 상승시키는 전략을 사용한다. 안주류의 가격대를 4000~1만6000원의 중저가대로 낮추는 대신 가성비 높은 기획 주류를 준비해서 안주류와 함께 시키면 테이블 단가가 3만5000원~4만 원선에 맞춰지도록 했다.

사케와 잘 어울리는 연어 사시미를 1만2000원에 제공, 고객들이 소주나 맥주 대신 사케를 주문하도록 만들었다.

경성주막의 사케 판매 비율은 10~15%로 5~6%인 다른 이자카야에 비해 판매 비율이 월등히 높다. 또한 사케에서 남는 이익률도 50%대로 판매 비율이 높을수록 순이익도 많아지는 구조다.

경성주막 인천 연수점은 오픈 4개월째로 122m², 좌석수 24석 규모에 한 달 매출이 8000만 원, 순수익률은 25~30%대를 유지하고 있다. 인천연수점의 점주가 말하는 경성주막의 매력은 젊은층 입맛에 맞는 안주 퀄리티와 본사의 빠른 피드백이다.

# 3. 저가형 포차·주점 브랜드별 콘셉트&창업비용

## 1) 삼구포차

'모든 안주 3900원'이라는 파격적인 가격을 전면에 내세워 가맹 개시 7개월 만에 100호점을 돌파했다. 서울과 경기권을 중심으로 빠른 속도로 점포수를 늘려가며 시장 선점에 주력하겠다는 전략. 단일 가격임에도 불구하고 계절별로 다양한 신메뉴를 내놓는 등 R&D에 많은 투자를 하고 있어 메뉴에 대한 점주와 고객 만족도가 높은 편이다. 추후 부부끼리 운영이 가능한 82.5㎡(25평) 전후의 소형매장도 가능하다.

2015년에 브랜드를 론칭한 삼구포차는 120여개의 매장수를 보유하고 있으며, 개설비용은 82.5㎡(25평) 5300만 원, 132㎡(40평) 7450만 원이다. 월 로열티는 카드 매출의 1% 정도이다.

## 2) OK포차

2004년 꾼노리를 시작으로 청춘싸롱 등 다양한 형태의 주점 브랜드를 론칭한 경험이 있는 빌토리어스가 새롭게 선보인 저가형 포차 브랜드다. '안주 3900원, 싸다구!'를 콘셉트로 3900원짜리 저가메뉴와 함께 6900원, 9900원 메뉴를 판매하는 한편 소주 가격을 4500원으로 설정해 주류 매출액을 높이는 전략을 구사한다. 99㎡(30평)이상의 중대형 매장이 주를 이룬다.

OK포차는 2015년 브랜드를 론칭했다. 개설비용은 99㎡(30평) 4700만 원, 132㎡(40평) 6000만 원 정도이다.

### 3) 맛잡이슈퍼

'1980년도 분위기를 그대로 재현했다'는 콘셉트답게 복고풍으로 인테리어를 하고, 추억의 간식거리를 판매하는 슈퍼마켓을 접목한 복고+슈퍼 콘셉트다. 지난 2015년 론칭해 현재 19개 매장을 운영 중이다. 부천 1호점의 성공이 가맹사업의 계기가 된 만큼 가맹개설에 있어서도 경인지역에 특히 강한 면모를 보이고 있다.

원팩 시스템이 아닌 수제를 접목한 안주류도 타 포차 브랜드 대비 뛰어난 맛을 최대 경쟁력으로 내세운다. 3800원, 8800원의 메인 안주 외 홍합탕, 어묵탕, 번데기 등 1000원짜리 미끼메뉴 4가지를 갖추고 있다.

2015년 브랜드를 론칭한 맛잡이슈퍼는 약 19개의 매장수를 보유하고 있으며 개설비용은 66㎡(20평) 4640만 원이다. 로열티는 월 카드 매출의 1% 이다.

## 4) 꼼보포차

주점과 고깃집 등 외식 브랜드 운영 경험이 있는 꼼보코리아에서 론칭한 포차 브랜드로 홍대에서 1년간 운영하던 꼼보집을 프랜차이즈화했다. 메인 메뉴는 1만 원, 서브 메뉴는 3000원과 6000원으로 구성했으며 메인 메뉴 11가지에 한해 요리 개념을 접목해 매운 요리 위주의 안주류를 선보인다. 1주일의 집중 트레이닝과 5일간의 오픈 트레이닝을 거쳐야 점포를 오픈할 수 있는 '필드 트레이닝'을 성공 요소로 내세운다. 가맹개설 가능한 매장 규모는 1층 66㎡(20평) 이상, 2층 99㎡(30평) 이상. '포장마차의 Soul', '내가 먹어 맛있으니 니 입에도 맛있겠지' 등 매장 곳곳의 문구들이 재치 있다.

2013년 브랜드 론칭을 한 이곳은 약 40개의 매장수를 보유하고 있으며 개설비용은 66㎡(20평) 5930만 원, 99㎡(30평) 7550만 원이다. 월 로열티는 카드 매출의 2% 이다.

## 5) 맛나슈퍼

행복포차, 오동술, 육삼쭈 등을 운영 중인 조은음식드림에서 론칭한 복고포차, 행복포차가 '어머니 손맛'을 내세우는 일반적인 실내 포차였다면 맛나슈퍼는 '모든 안주 3900원~'라는 저가형 콘셉트로 3900원, 5900원, 7900원의 저렴한 가격 경쟁력을 강조한다. 간판에서부터 실내 인테리어까지 옛날 슈퍼마켓을 연상케 하는 디자인이 특징. 기존 포차에서 업종 전환시 기존 시설 활용, 인테리어 자가시공 가능 등 다양한 혜택을 앞세우고 있다.

맛나슈퍼는 2015년 브랜드를 론칭했으며 30개의 매장수를 보유하고 있다. 개설비용은 49.5㎡(15평) 3800만 원, 82.5㎡(25평) 4600만 원 정도, 월 로열티는 없다.

## 6) 아맛나슈퍼

연어 무한리필 브랜드 육회한연어 등을 운영하고 있는 외식업체 삼육오컴퍼니에서 선보인 브랜드다. 추억의 불량식품을 판매하는 슈퍼마켓 코너와 재치 있는 카피를 앞세워 복고적 분위기와 재미를 추구하고 있는 곳. 주류가 전체 매출의 60%를 차지하며 안주류와 과

자류는 각각 35%, 5% 정도다. '안주는 2900원부터' 라는 의미의 '이구포차' 를 부제로 내세우며 가격 경쟁력까지 어필하겠다는 전략이다. MBC 드라마 제작 지원 등 공격적인 마케팅으로 가맹점 모집에 박차를 가하고 있다.

아맛나슈퍼는 2015년 브랜드를 론칭해 19개의 매장이 있다. 개설비용으로는 가맹비 500만 원, 교육비 200만 원(인테리어 비용 규모별 상이)정도이며, 월 로열티는 카드 매출의 1% 이다.

## 7) 삼오칠싸롱

수상한 포차 운영 경험이 있는 케이제이에프앤비의 두 번째 브랜드로 '스몰비어의 저렴함과 포차의 다양함' 을 전면에 내세운다. 단순한 복고 분위기와 차별화하고자 밝고 원색적인 인테리어에 1980년대 롤러 스케이트장 분위기를 접목한 튀는 인테리어를 도입, 삼오칠만의 개성 있는 분위기를 연출했다. 안주류는 3900원, 5900원, 7900원의 세 가지 가격대, 수상한 포차에서 삼오칠싸롱으로 브랜드 변경 시 가맹비와 교육비를 면제해주는 식으로 메리트를 제공한다.

2016년 브랜드를 론칭했으며 6개의 매장을 보유하고 있다. 개설비용은 가맹비 550만 원, 교육비 220만 원(인테리어 비용 규모별 상이)

정도이며, 월 로열티는 카드 매출의 1% 또는 월 35만원 중 선택 가
능하다.

## 8) 포차어게인

구이 전문점 구이가를 운영하는 가업FC의 두 번째 브랜드로 '비
내리는 길거리 포장마차' 콘셉트의 독특한 분위기로 차별화된 이미
지를 추구하고 있다. 착석 시 서비스로 제공되는 셀프 김치전과 떡
볶이, 닭발, 어묵 등을 셀프 서비스로 판매하는 '추억의 셀프 포차'
도 이곳만의 특징. 1000~6000원의 셀프 포차 메뉴 외 6900원짜리
69메뉴 10여 가지와 1만~2만 원대의 구이류와 튀김, 탕류 등 다양
한 종류와 가격대의 메뉴를 제공한다. LP판을 연상케 하는 메뉴판과
1970~1980년도 길거리 풍경 등 복고적 요소를 두루 갖췄다.

2015년 브랜드를 론칭한 포차어게인은 120개 매장을 보유하고 있
다. 개설비용은 198㎡(60평) 1억5900만 원, 330㎡(100평) 2억 2000
만 원 정도이며, 월 로열티는 카드 매출의 2% 이다.

# 부록

창업 및 업종 전환, 신규사업 가이드

## <표 1> 외식산업의 구성요소

| 외식산업의 구성요소 | | | | |
|---|---|---|---|---|
| 가격 | 식음료 | 인적서비스 | 물적서비스 | 편리성 |

## <표 2> 외식기업 경영형태의 장·단점

| 구분 \ 방법 | 초기투자 | 경험도 | 사업운영 책임도 | 실패율 | 재정 위험도 | 보상 |
|---|---|---|---|---|---|---|
| 직영 | 높다 | 높다 | 높다 | 높다 | 높다 | 높다 |
| 가맹 | 보통 이하 | 최저 | 보통 | 보통 | 보통 | 보통 이상 |
| 인수 | 보통 | 높다 | 높다 | 높다 | 높다 | 높다 |
| 위탁 | 없음 | 보통 이상 | 보통 | 보통 | 보통 | 보통 이하 |

## 〈표 3〉 업종별 분류

| 외식산업 | 음식중심 | 일반음식점 | 일반음식점 | 한식점 |
|---|---|---|---|---|
| | | | | 일식점 |
| | | | | 양식점 |
| | | | | 중식점 |
| | | | | 기타 |
| | | | 특수음식점 | 열차식당 |
| | | | | 항공기내식당 기내사업 |
| | | | | 선박 내 식당 |
| | | | 숙박시설 내 음식점 | 호텔 내 식당 |
| | | | | 리조트,콘도,여관 내 식당(1970년 이전) |
| | | 단체음식 | 학교 | 초,중,고,대학 |
| | | | 기업 | 구내식당 |
| | | | 군대방위시설 | 군대 |
| | | | | 전투경찰 |
| | | | | 경찰 |
| | | | | 교도소 |
| | | | 병원 | 구내식당 |
| | | | 사회복지시설 | 연수원 |
| | | | | 양로원 |
| | | | | 고아원 |
| | 음료중심 | | 찻집,술집 | 커피전문점 |
| | | | | 호프집 |
| | | | | 술집(대중유흥업소) |
| | | | 요정,바 | 요정 |
| | | | | 바 |
| | | | | 카바레 |
| | | | | 나이트클럽, club |

# 〈표 4〉 한식의 유형별 종류

| 품목 | 세부종목 | 품목 | 세부종목 |
|---|---|---|---|
| 해물류 | 조개찜<br>조개구이<br>게찜<br>바닷가재찜<br>낙지볶음<br>굴회<br>오징어볶음 | 전류 | 파전<br>빈대떡<br>모듬전<br>오코노미야키 |
| 생선류 | 갈치구이<br>코다리찜<br>광어회<br>장어구이<br>장어직화<br>장어양념구이 | 국물류 | 된장찌개<br>부대찌개<br>청국장<br>순두부<br>북어국 |
| 육류-쇠고기 | 쇠고기등심<br>쇠고기갈비<br>쇠고기 불고기<br>쇠고기 샤브샤브 | 디저트류-빵 | 샌드위치<br>초콜릿<br>케이크<br>와플<br>바게트 |
| 육류-돼지고기 | 돼지고기 삼겹살<br>돼지갈비<br>돼지등갈비 | 디저트류-음료 | 생과일주스<br>아이스크림<br>빙수<br>생과일<br>요거트<br>스무디 |
| 육류-닭고기 | 닭튀김<br>삼계탕<br>닭강정<br>닭갈비 | 디저트류-커피 | 커피<br>북카페<br>애견카페<br>키즈카페 |
| 육류-족발 | 족발<br>냉족발<br>오븐구이족발<br>쌈족발 | 출장음식 | 도시락<br>제사음식<br>홈파티 |
| 면류 | 자장면<br>짬뽕<br>냉면<br>잔치국수<br>메밀 | 주류 | 소주<br>맥주<br>생맥주<br>와인<br>막걸리 |
| 탕류 | 갈비탕<br>샤브샤브<br>설렁탕<br>삼계탕<br>매운탕 | 분식류 | 순대류<br>튀김<br>떡볶이<br>우동<br>김밥 |
| 한식 | 비빔밥<br>쌈밥<br>영양밥<br>김밥<br>죽 | 뷔페류 | 패밀리뷔페<br>해산물뷔페<br>고기뷔페<br>샐러드뷔페<br>디저트뷔페<br>채식뷔페 |

## 〈표 5〉 외식업계 업종별 트렌드 핵심 (키워드)

창업할 수 있는 외식 종목들 간 콜라보레이션(모듬+조합) 메뉴

| 업종 | 키워드 | 상세 키워드 |
|---|---|---|
| 한식 | 건강한 삶과 간편식 시장확대 | 4S(safety, show, self, single), 건강, 간편식, 유기농, No MSG, 오픈키친, HMR |
| 패밀리 레스토랑 | 감성을 추구하는 융복합화 | 콜라보레이션, 감성, 시장 다각화, 초니치 마켓 |
| 치킨 | 카페형 매장과 스포츠 마케팅 | 가치소비, 힐링, 프리미엄, 싱글족, 치맥 스포츠 마케팅, 간편식, 안전, 차별화, SNS |
| 주점 | 복고와 엔도르핀 디쉬 | 복고, 감성, 소형화, 차별화, SNS 콜라보레이션, 인테리어, 합리적 가격 |
| 커피 | 고급 원두와 부티크 매장 | 웰빙, 건강한 재료, 소형화, 전문화, 차별화, 콜라보레이션, 고급화, 부티크, 복고, 인테리어, 사회공헌, 해외진출 |
| 피자 | 웰빙과 프리미엄의 합리적 소비 | 웰빙, 고급화, 합리적 가격, 안전·안심, 스포츠마케팅, 복고·향수, 엔도르핀 디쉬, 콜라보레이션, 소형화, 건강한 재료, 싱글족 |
| 이탈리안 레스토랑 | 착한 소비와 건강한 식생활 | 착한 소비, 오가닉, 건강, 와인 |
| 분식 | 합리적인 가격과 콜라보레이션 | 콜라보레이션, 소형화, 프리미엄, 합리적 가격, 소량화, 간편식, 싱글족 |
| 패스트푸드 | 안전하고 합리적인 가격 | 합리적 가격, 간편식, 싱글족, 안심·안전 |
| 디저트 | 매스티지족의 진정성 | 콜라보레이션, 건강한 재료, 진정성, 유기농, 프리미엄, 인테리어, 독창성 |

<표 6> 소비자 유형별 기호와 변화

| 소비자 진화 양상 단계 ▼ | 새로운 소비자 집단 ▼ |
|---|---|
| **마담슈머(Madame + Consumer)**<br>구매 결정권을 가진<br>주부들의 시각에서 제품 평가 | **바이슈머(Buy + Consumer)**<br>해외에서 판매되는 물품을<br>직접 구입하는 소비자<br>(직구족) |
| ⇩<br>**트라이슈머(Try + Consumer)**<br>기존 정보에 의존하지 않고<br>제품을 직접 써본 뒤 평가 | **모디슈머(Modify + Consumer)**<br>제조업체에서 제시하는 방식이 아닌<br>자신만의 방법으로<br>재창조 해내는 소비자 |
| ⇩<br>**크리슈머(Creative + Consumer)**<br>신제품 개발이나 디자인, 서비스 등의<br>문제에 적극 개입해 의견을 제시 | **스토리슈머(Story + Consumer)**<br>기업에 제품과 관련된<br>자신의 이야기를<br>적극적으로 알리는 소비자 |
| ⇩<br>**프로슈머(Producer + Consumer)**<br>제품의 생산단계에 직접 관여하거나<br>소비자가 생산까지 담당 | **쇼루밍족(Showrooming)**<br>오프라인 매장에서 제품을 보고<br>온라인을 통해 저렴하게 구매하는<br>소비자(실속 중시)<br>VS<br>**역쇼루밍족(Reverse Showrooming)**<br>온라인에서 검색을 통해<br>제품을 결정한 뒤<br>오프라인에서 구매하는 소비자 |
| ⇩<br>**가이드슈머(Guide + Consumer)**<br>기업의 생산현장을 검증하고 잘못된<br>점은 지적, 잘한 점은 홍보 | |

〈표 7〉 외식 브랜드의 구성 요소



| | |
|---|---|
| 브랜드 아이덴티티 | 브랜드 네임, 브랜드 로고, 브랜드 컬러, 브랜드 캐릭터, 브랜드 슬로건 |
| 메뉴 | 메뉴 구성, 원재료 선택, 조리 방식, 메뉴명, 프리젠테이션, 식기 선택, 메뉴 제공 방식 |
| 서비스 | 서비스 정도, 서비스 방식, 서비스 특성 |
| 분위기 | SI(Store Identity), 음악(music), 조명(lighting), 유니폼(uniform), 사인(signage) |
| 입지 | 지역, 입점 형태(free standing/building-in) |
| 가격 | 가격, 좌석회전율, 식재료비, 인력 및 인건비, 임대료 수준, 할인정책 |

<표 8> 브랜드 아이덴티티의 도출

| 기능적 속성 | 맛의 동질성, 볼의 차별성, 메뉴의 다양성, 양의 풍부함, 시간 절약, 이벤트의 독창성, 접근 편의성, 인테리어의 간결성, 가격대비 맛과 양, 가격의 합리성 | | |
|---|---|---|---|
| 이성적 혜택 | 통일성, 신속성, 다양성, 합리성, 편리성, 독창성, 전문성 | | |
| 감성적 혜택 | 신선함, 생동감, 젊음 | 친근함, 즐거움, 정겨움 | 편안함, 재미있음 |
| 성격 | ▼<br>독특함 | ▼<br>공유성 | ▼<br>편안함 |
| 브랜드 아이덴티티 | ⇩<br>스파게티로 특화된 캐주얼 레스토랑 | | |

## 〈표 9〉 브랜드 콘셉트 키워드의 개발

| 키워드 | 내용 |
|---|---|
| 다양성 | 메뉴와 이벤트의 다양성 |
| 통일성 | 각 매장 간 메뉴의 맛, 인테리어의 동질성 |
| 합리성 | 가격대비 맛과 양, 서비스의 만족감 |
| 신속성 | 시간 절약 |
| 전문성 | 네이밍에서의 전문성, 메뉴의 전문성 |
| 편리성 | 접근과 이용, 서비스의 편리성 |
| 신선함 | 음식의 신선함, 신선한 식자재, 이벤트와 제공 방식(홀서비스)의 새로움 |
| 생동감 | 동적이고 활발한 분위기, 생동감 있는 인테리어 |
| 젊음 | 매장 분위기, 주된 색상, 방문하는 고객과 직원의 젊음 |
| 친근함 | 고급스럽지 않고 대중적이며 부담스럽지 않은 친근함 |
| 즐거움 | 밝고 화사한 인테리어와 가격대비 맛과 양이 좋은 것에서 오는 즐거움 |
| 정겨움 | 오픈된 주방이나 인테리어, 함께 나눠먹는 정겨움 |
| 편안함 | 인테리어의 편안함, 위치의 편안함, 서비스나 가격 등의 심리적 편안함 |
| 재미 | 이벤트의 재미, 메뉴를 고르는 재미, 홀서비스의 재미 |
| 독특함 | 홀서비스의 독특함, 패밀리레스토랑과는 다른 분위기와 서비스 |
| 공유성 | 음식을 나눔으로서 얻게 되는 정서의 공유 |

**〈표 10〉 콘셉트 도출 사례**

| 고객<br>이미지 | 개성을<br>추구하는<br>여대생<br>(20대 여성) | 해외여행<br>경험이 있는<br>젊은 세대 | 신세대<br>직장인 | 자유<br>직업가와<br>보보스족 | 아침 일찍<br>출근하는<br>직장인 |
|---|---|---|---|---|---|
| 고객<br>이익 | 자신만의<br>공간,<br>자유롭게<br>대화 | 해외에서<br>경험한 커피<br>맛 | 친구와<br>여유로운<br>대화,<br>독특하고<br>맛있는 장소 | 다양한 커피<br>선택,<br>노트북<br>PC이용 | 간단한 빵과<br>커피 |
| 입지<br>이미지 | 이대 앞, 대학로, 프레스센터, 명동역, 강남역, 삼성역, 코엑스,<br>역삼역, 광화문 | | | | |
| 고객<br>서비스 | 창가 쪽 1인 좌석, 자유공간, 바리스타, 테이크아웃 서비스, 고객<br>맞춤 커피, 무선 랜 서비스, 포인트제도, 페이스트리 | | | | |
| 고객<br>시나리오 | 창가에서 음악을 들으며 혼자 책을 본다, 커피향이 나는 포근한<br>소파에서 친구와 부담 없이 대화한다. 여자 친구와 극장에 가기<br>전에 만나서 영화 이야기를 하며 즐긴다, 직장 동료와 점심 식사<br>후 커피를 테이크아웃하여 마신다. 여기저기 뛰어다니다 자투리<br>시간에 무선 랜을 이용하여 업무를 한다, 일찍 출근하여 회사<br>근처에서 여유로운 아침을 시작한다. | | | | |
| 목표<br>콘셉트 | 세계 최고의 커피를 주문하여 직접 에스프레소 방식으로 즐길 수<br>있는 커피숍, 혼자 있을 때는 편안하게, 친구와 같이 있을 때는<br>즐겁게 대화할 수 있는 커피숍, 고객의 오감을 만족시켜주는<br>문화가 있는 커피숍 | | | | |

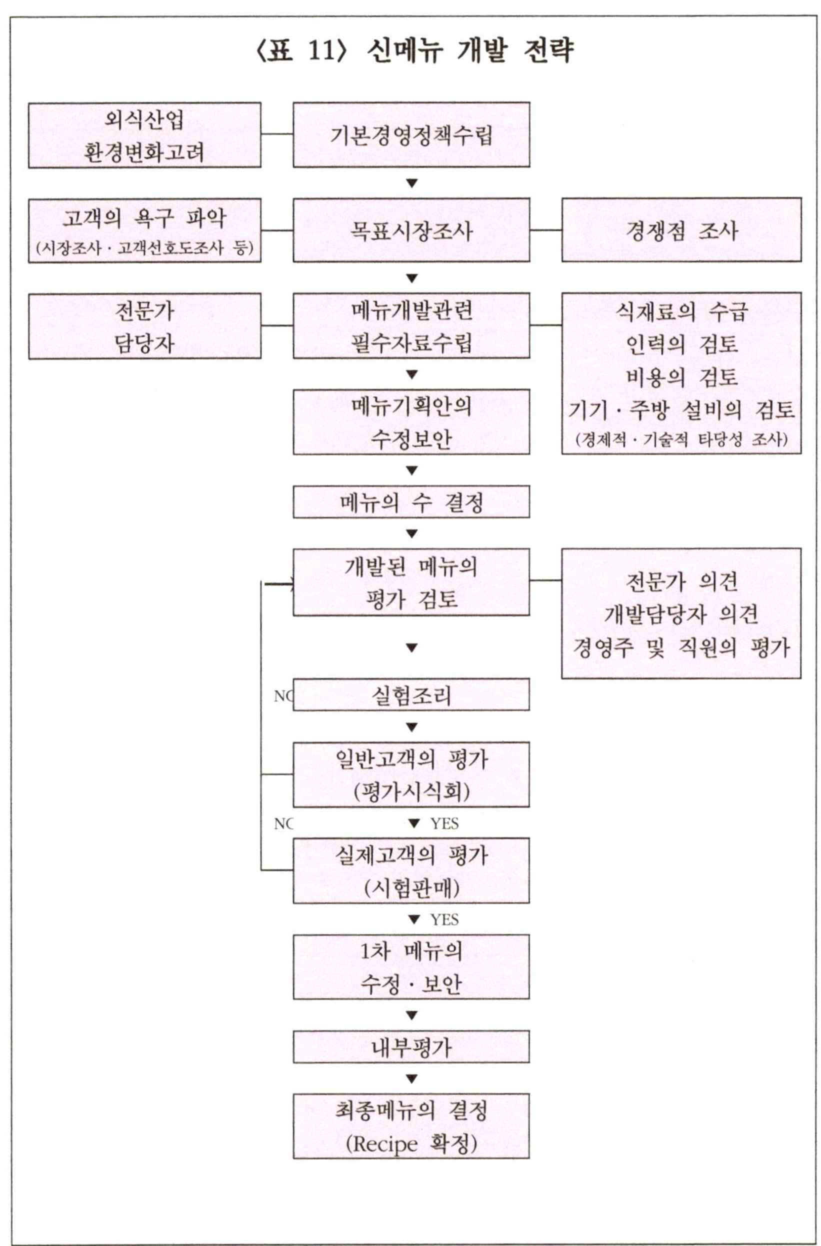


〈표 11〉 신메뉴 개발 전략
외식산업 환경변화고려
기본경영정책수립
고객의 욕구 파악 (시장조사·고객선호도조사 등)
목표시장조사
경쟁점 조사
전문가 담당자
메뉴개발관련 필수자료수립
식재료의 수급 인력의 검토 비용의 검토 기기·주방 설비의 검토 (경제적·기술적 타당성 조사)
메뉴기획안의 수정보안
메뉴의 수 결정
개발된 메뉴의 평가 검토
전문가 의견 개발담당자 의견 경영주 및 직원의 평가
NO
실험조리
일반고객의 평가 (평가시식회)
NO
YES
실제고객의 평가 (시험판매)
YES
1차 메뉴의 수정·보안
내부평가
최종메뉴의 결정 (Recipe 확정)

〈표 12〉 메뉴의 적합성 평가

| 주요항목 및 평가요소 | 세부검토사항 |
|---|---|
| 소비기호 (연령별, 직업별) | • 타깃연령대가 좋아하는 음식인가?<br>• 음식이 깔끔하고 정갈한가?<br>• 타깃연령대의 수준에 적합한가?<br>• 계절 메뉴나 계절 식재료를 사용할 수 있는가?<br>• 건강식, 다이어트식, 기능식인가?<br>• 맛 유지와 양은 적절한가?<br>• 메뉴가격대는 어떤가?<br>• 어린이용 메뉴구비와 디저트는 준비되어 있는가?<br>• 가족고객이 좋아하는가?<br>• 단순식사로 적합한가?<br>• 메뉴북은 깨끗하고 설명이 충분한가?<br>• 행사메뉴(모임, 회식, 기타)로 적합한 메뉴인가? |
| 점포, 입지, 시장 | • 주변 시장의 가격대는?  • 혐오시설은 없는가?<br>• 접근성(편리성)은?  • 홍보성(가시성)은?<br>• 시장성(시장수요)은?  • 적합한 입지인가?<br>• 적합한 건물인가?  • 점포규모는?<br>• 경쟁상태는?  • 상권내의 외식 성향은?<br>• 성장 가능한 입지인가?  • 집객 시설이 있는가?<br>• 유동인구는 얼마나 되는가?  • 유동차량은 얼마나 되는가?<br>• 주차시설은 되어 있는가? |
| 경영효율 (경영관리 계수관리) | • 매출이익은?  • 회전율은?<br>• 객단가는?  • 원가(재료비,인건비,제경비)는?<br>• 메뉴관리는 용이한가?  • 서비스의난이도는?<br>• 점포관리는?  • 경영주의 메뉴 이해도는?<br>• 구매의 난이도는?  • 직원 채용은? |
| 식사형태 | • 조식 • 중식 • 간식 • 석식 • 미드나이트 |
| 판매방식 | • 내점(Eat in) • 배달 • 포장판매 • 복합판매 가능성은? |

〈표 13〉 외식 브랜드 주기별 커뮤니케이션 전략

| 도입기<br>(사업홍보) | • 모델샵의 영업 활성화에 총력<br>• 언론에 기사화<br>• 브랜드 인지도 제고를 통해 계약 유도<br>• 체험마케팅을 통한 점포 이용유도<br>• 예비창업자 홍보 |
|---|---|
| 성장기<br>(성공모델의<br>정착) | • 기획 사업설명회 개최(명강사 초청 등)<br>• 도입기보다는 광고 홍보 효력감소<br>• 성공사례 만들기<br>• 성공사례를 바탕으로 한 현장 확인계약 실적 기대<br>• 경쟁업체 진입 시 탄력적으로 시장 전략 전개 |
| 성숙기<br>(브랜드지명도<br>확대) | • 성공사례를 중심으로 한 계약 실적 증가<br>• 브랜드 정체성 관리 강화(표준화, 전문화, 단순화)<br>• 유지광고/홍보시행<br>• 브랜드 이미지 관리<br>• 메뉴개발 및 보완 |
| 쇠퇴기<br>(현상유지/<br>신규사업) | • 계약실적 쇠퇴<br>• 브랜드파워 유지<br>• 고객욕구 분석을 기초로 한 사업 컨셉 조정<br>• 재정비 및 제2브랜드 런칭<br>• R&D 성장전략 |

<table 14> 라이프 사이클에 따른 단계별 관리전략</table>

| 구분 | 도입기 | 성장기 | 성숙기 | 쇠퇴기 |
|---|---|---|---|---|
| 소비자 | 소비 준비 | 소비 시작 | 소비 절정 | 소비 위축 |
| 경쟁업소 | 미약 | 증대 | 극대 | 감소 |
| 창업시기 | 창업 준비 | 창업 시작 | 차별화 | 업종변경 |
| 매출 | 조금씩 증가 | 최고로 성장 | 평행선 | 하락 |
| 제품<br>(메뉴) | 지명도 낮다 | 지명도 급상승<br>및 모방 시작 | 지명도 최고<br>제품의 다양화 | 신 메뉴로<br>대체시기 |
| 유통<br>(판매) | 저항이 높고<br>점두판매위주 | 저항 약화되고<br>주문이 쇄도 | 주문감소<br>가격파괴현상 | 가격파괴절정<br>생존경쟁으로<br>재정비 |
| 촉진 | 광고 및 PR<br>활동성행 | 상표를 강조하고<br>경쟁적 | 캠페인활동 성행<br>및 제품의<br>차별성 강조 | 수요는 판촉에<br>비해 효과가<br>미흡 |
| 가격 | 높은 수준 | 가격인하<br>정책실시 | 가격최저로<br>가격에 민감 | 재정비에 따른<br>가격 인상정책 |
| 커뮤니<br>케이션 | 체험마케팅을<br>통한 이용유도 | 성공사례를<br>바탕으로<br>현장실적기대 | 유지강화 브랜드<br>정체성 관리강화,<br>성공사례를<br>중심으로<br>계약실적증가 | 계약실적 쇠퇴,<br>신규사업진출<br>모색,<br>고객욕구분석으<br>로 사업 컨셉<br>조정 |
| 진행기간 | 1년차 | 2년차 | 3년차 | 4년차 |

<표 15> 외식산업의 소득 수준별 발전

| 구분 | GNP($) | 성장과정 | 주요업체등장 |
|---|---|---|---|
| 1960년대 | 100 ~200 | 식생활의 궁핍 및 침체기(6·25전쟁 후), 밀가루 위주의 식생활 유입(미국 원조품), 분식의 확산 및 식생활 개선 문제 부상 | 뉴욕제과(67), 개업업소 및 노상 잡상인 대량 출현 |
| 1970년대 | 248 ~ 1,644 | 영세성 요식업의 우후죽순 출현, 경제 개발 계획에 따른 식생활 향상, 해외브 랜드 도입 및 프랜차이즈 태동, 국내프 랜차이즈 시작 : 난다랑(79.7), 서구식 외식업 시작 : 롯데리아(79.10) | 가나안제과(76) 난다랑(79) 롯데리아(79) |
| 1980년대 초반 | 1,592 ~ 2,158 | 외식 산업의 태동기(요식업→외식산 업), 영세 난립형 체인점 출현(햄버거, 국수, 치킨 등), 해외 유명브랜드 진출 가속화 | 아메리카(80) 윈첼(82) 짱구짱구(82) 웬디스(84) KFC(84) 장터국수(84) 신라명과(84) 등 |
| 1980년대 후반 | 2,194 ~ 4,127 | 외식산업의 적응 성장기(중소기업, 영 세업체난립), 식생활의 외식화·레저 화·가공식품화 추세, 패스트푸드 및 프랜차이즈 중심 시장 선도, 패밀리 레 스토랑·커피숍·호프점·베이커리·양 념치킨 등 약진 | 맥도날드(86) 피자인(88) 코코스(88) 도투루(89) 나이스데이(89) 만리장성(86) |
| 1990년대 초반 | 5,569 ~ 10,000 | 외국산업의 전환기(95년 산업으로서 정착), 중·대기업의 신규진출 러시 및 유명브랜드 도입, 프랜차이즈 급성장 및 도태, 시스템 출현(외식근대화) | 나이스데이 씨즐러 스카이락 TGIF 등 아웃백, 빕스, 베 니건스, 애슐리, 마르쉐 등 |

| 구분 | GNP($) | 성장과정 | 주요업체등장 |
| --- | --- | --- | --- |
| **1990년대 후반** | 6,500 ~ 9,800 | IMF로 경기침체, 전체적인 침체, 불황 중 실직자들의 생계수단과 고용 창출 효과, 침체기에도 꾸준한 성장을 이룸, 다양한 형태의 소비패턴에 따른 점포의 변화 | 서울 경기지역 외식기업 포화 상태로 지방음식의 체인화와 수도권 중심의 패밀리 레스토랑의 지방 진출과 발전 |
| **2000년대 초반** | 10,000- 15,000 | 웰빙 문화로 인한 패스트푸드의 변화, 광우병파동으로 일부 산업 심각한 타격, 조류독감으로 치킨업계 일시적인 위기, 꾸준한 발전으로 전체 국민 노동력의 50%이상 고용 창출한 거대산업으로 발전 | 프랜차이즈 포화, 국내 브랜드 등장 |
| **2000년대 후반** | 15,000- 21,500 | 국내브랜드 프랜차이즈 대거 등장 및 대기업·식품업계의 외식산업 진출, 대기업 3세들의 외식산업진출(신세계:스타벅스로부터시작-투썸플레이스 등) | (할리스, 카페베네 등) |
| **2010년대 초반** | 21,500 ~ 25,000 | 경기침체와 세월호 사건으로 인한 외식위주의 식단이 집으로 이동, 정부규제에 의한 외식분야와 식품분야의 위축 | 대기업 진출에 대한 정부규제, 상생과 공생의 기업 논리 |
| **2010년대 후반** | 25,000 ~ 30,000 | 대기업 외식산업이 상생과 공생을 내세운 중소기업 외식 정책으로 변화, 대기업의 외식산업 진출 금지, 외식문화의 침체기와 과다 경쟁 | CS를 통한 기업 이익과 고객만족 공존 |

## 〈표 16〉 한국의 외식산업 발전과정

| 연대 | 발전내용 | 주요업체 |
|---|---|---|
| 1960년대 이전 | • 전통 음식점 중심의 음식업 태동기<br>• 식생활 및 식습관의 가내 주도형<br>• 식량지원 부족(생존단계) | • 이문설렁탕(1907)<br>• 용금옥(1930)<br>• 한일관(1934)<br>• 조선옥(1937)<br>• 안동장(1940)<br>• 고려당(1945)<br>• 남포면옥(1948) |
| 1960년대 | • 6·25전쟁 후 식생활 궁핍 및 음식업 침체기<br>• 혼분식 확산(미국원조 밀가루 위주의 식생활) | • 삼양라면 최초 시판(1963)<br>• 비어홀(1964)<br>• 코카콜라(1966)<br>• 뉴욕제과 신세계 본점 프랜차이즈 1호점(1968) |
| 1970년대 | • 해외브랜드 도입기<br>• 프랜차이즈 태동기<br>• 대중음식점 출현 | • 난다랑(1979) 국내 프랜차이즈 1호<br>• 롯데리아(1979) 서구식 외식 시스템 시발점 |
| 1980년대 | • 외식산업 전환기<br>• 해외브랜드 진출 가속화<br>• 국내 자생브랜드 난립<br>• 부산 아시안 게임(1986)<br>• 서울 올림픽(1988) | • 아메리카나(1980)<br>• 서울 프라자 호텔이 여의도 전경련 빌딩, 프라자(한식당), 도원(중식당), 연회장 운영(1980)<br>• 윈첼도우넛, 버거킹(1982)<br>• 서울 프라자호텔 열차식당 운영(1983)<br>• 웬디스, 피자헛, KFC(1984)<br>• 맥도널드(1986)<br>• 피자인, 코코스, 크라운베이커리, 나이스데이, 놀부보쌈(1988) |

| 연대 | 발전내용 | 주요업체 |
| --- | --- | --- |
| 1990년대 | • 외식산업 성장기<br>• 대기업 외식산업 진출<br>• 패밀리레스토랑 진출<br>• 전문점 태동 | • TGIF 판다로시(1992)<br>• 시즐러(1993)<br>• 데니스, 스카이락, 케니로저스(1994)<br>• 토니로마스, 베니건스, 블루노트, BBQ(1995)<br>• 마르쉐(1996)<br>• 칠리스, 우노, 아웃백스테이크하우스(1997) |
| 2000년대 | • 외식산업의 전성기<br>• 식품업계의 외식산업 진출<br>• 대기업의 외식산업 점령<br>• 골목상권 장악<br>• 자금력에 의한 규모화 | • 커피(음료)전문점의 강세, 포화<br>• 해외진출사례 (할리스 토종브랜드) |
| 2010년 | 정부의 규제와 경기침체로 인한 외식산업 침체기, 외식업의 다양화를 통한 커피전문점의 활성화를 꾀하고 있으나 국내포화로 인한 도산위기, 해외진출의 판로가 절실 | • 첫손님가게(2013년2월) -기부문화의 정착<br>• 공생과 상생의 기로<br>• 대기업의 골목상권진출 금지 등 |
| 2020년 | • 프랜차이즈를 중심으로 한 한류 K-Food 확산<br>• 해외 진출 본격화<br>• 맛, 웰빙, 디테일이 주도<br>• 성장 정체 | • 놀부 NBG<br>• 치킨 브랜드<br>• CJ 푸드빌 해외 100호점(2012)<br>• 파리바게트(2015년 해외 200호점 개설) |

## 〈표 17〉 국내 프랜차이즈 산업의 변천사

| 시대별 | 구분 | 주요 브랜드 및 이슈 |
|---|---|---|
| 1970년대 | **태동기**<br>• 프랜차이즈 산업모델 국내 첫선<br>• 기업형 프랜차이즈 탄생 | • 1977년 림스치킨<br>• 1979년 7월 국내 프랜차이즈 1호점 난다랑(동숭동)<br>• 1979년 10월 롯데리아 소공동 |
| 1980년대 | **도입 및 성장기**<br>• 패스트푸드 도입에 따라 대기업 외식업진출<br>• 해외 패스트푸드 프랜차이즈 국내 진출<br>• 한식 프랜차이즈시작 (놀부보쌈/송가네왕족발/ 감미옥 등)<br>• 88서울 올림픽 개최 | • 1982년 페리카나<br>• 1983년 장터국수<br>• 1984년 KFC/버거킹/웬디스<br>• 1985년 피자헛/피자인/베스킨라빈스<br>• 1986년 파리바게트<br>• 1987년 투다리<br>• 1988년 코코스<br>• 1989년 도미노피자/놀부/멕시카나 |
| 1990년대 | **성숙기**<br>• 국내 프랜차이즈 기반 구축<br>• 국내 최초 패밀리 레스토랑 개념 도입<br>• 1988년 외환위기<br>• 1989년 (사)한국 프랜차이즈산업협회 설립 | • 1990년 미스터피자<br>• 1991년 원할머니보쌈/교촌치킨<br>• 1992년 맥도날드/TGIF 사업개시<br>• 1993년 한솥도시락/미다래/파파이스<br>• 1994년 데니스/던킨도너츠<br>• 1995년 베니건스/토니로마스/씨즐러/BBQ<br>• 1996년 김가네/마르쉐/쇼부<br>• 1997년 빕스/아웃백스테이크/칠리스/우노<br>• 1998년 쪼끼쪼끼/스타벅스/코바코<br>• 1999년 BBQ 국내 최초 가맹점 1000호점 달성<br>• 1999년 (사)한국프랜차이즈협회 설립인가 |

| 시대별 | 구분 | 주요 브랜드 및 이슈 |
| --- | --- | --- |
| 2000년대 | **해외진출 초창기**<br>**일부 업종 포화기**<br>• 국내 외식브랜드 중국, 일본 등 해외진출 가속화<br> 2002년 한일 월드컵 개최<br>• 치킨프랜차이즈 붐업 | • 2000년 미소야, 투다리 중국 청도 진출<br>• 2001년 퀴즈노스/매드포갈릭/사보텐/ 파스쿠찌<br>• 2002년 파파존스/본죽, 분쟁조정협의회 설치<br>• 2003년 프레쉬니스버그/명인만두/ 피쉬앤그릴/BBQ 중국 진출<br>• 2004년 크리스피크림도넛<br>• 2005년 뚜레쥬르 중국 진출<br>• 2006년 토다이, 놀부 일본 진출<br>• 2007년 BBQ 싱가포르 진출 |
| 2010년대 | **저성장기**<br>**해외진출 가속화**<br>• 식재료 수급 불안정<br>• 해외진출 가속화<br>• 외식업관련 법과 제도 정비<br>• 중소기업 적합업종 선정<br>• 대기업 빵집 사업 철수<br>• 공정위 모범거래기준안 발표<br>• 가맹사업법 추진<br>• 음식점 금연구역 전면시행(2015)<br>• 디저트 업종 활성화<br>• 일본, 유럽 등 해외디저트브랜드 도입 활발<br>• 소프트아이스크림, 팥빙수, 츄러스 등 브랜드 활성화 | • 2010년 채선당 인도네시아 진출<br>• 2012년 파리바게뜨 중국 100호점, CJ푸드빌 해외 100호점<br>• 2011년 놀부 NBG, 美 모건스탠리PE에 지분 매각, 제스터스, 잠바주스, 망고식스<br>• 2012년 베코와플, 투뿔등심, 와플트리, 모스버거<br>• 2013년 바르다김선생, 고봉민김밥, 설빙, 깐부치킨, 이옥녀팥집, 족발중심, 미스터시래기, 고디바, 소프트리<br>• 2014년 자연별곡, 올반, 계절밥상 등 한식뷔페<br>• 2015년 11월 미스터 피자 중국 100호점 출점<br>• 2015년 12월 파리바게트 해외 200호점 |

<표 18> 시대별 외식브랜드(메뉴)콘셉트의 변화추이

| 메뉴 | 시대 | 외식 브랜드 |
|---|---|---|
| 햄버거 | 1980~1985 | 롯데리아, 아메리카나, 빅웨이 |
| 면류 | 1986~1988 | 장터국수, 다림방, 다전국수,<br>민속마당, 국시리아, 참새방앗간 |
| 양념치킨 | 1988~1990 | 페리카나, 처갓집, 림스치킨 |
| 보쌈 | | 놀부보쌈, 촌집보쌈, 할매보쌈 |
| 우동 | | 언가, 천수, 나오미, 기소야 |
| 신개념퓨전<br>레스토랑 | 1990~1992 | (피자, 햄버거, 아이스크림, 통닭 등 모두 판매)<br>굿후렌드, 코넬리아, 아톰플라자, 해피타임 |
| 쇠고기뷔페 | | 엉클리 외 |
| 커피 | 1992~1993 | 쟈뎅, 미스터커피, 왈츠, 브레머 |
| 피자 | 1993~1994 | 시카고피자, 피자헛, 도미노피자 |
| 피자뷔페 | | 베네벤토, 아마또, 오케이, 베니토, 카이노스 |
| 탕수육 | 1994~1996 | 탕수 탕수 외 |
| 김밥 | | 종로김밥, 김가네김밥, 압구정김밥 |
| 조개구이 | | 조개굽는 마을, 미스조개 열받네, 바다이야기,<br>조개부인 바람났네 |
| 칼국수 | 1996~1997 | 봉창이해물칼국수, 유가네칼국수, 우리밀칼국수 |
| 북한음식 | | 모란각, 통일의 집, 고향랭면, 발용각, 진달래각 |
| 요리주점 | 1997~1999 | 투다리, 칸, 천하일품, 대길, 기린비어페스타 |

| 메뉴 | 시대 | 외식 브랜드 |
| --- | --- | --- |
| 찜닭 | | 봉추찜닭, 고수찜닭, 계백찜닭 |
| 참치 | | 참치명가, 동신참치, 동원참치 |
| 에스프레소<br>커피 | 1999~2001 | 할리스, 커피빈, 프라우스타, 이디야 |
| 돈가스 | | 라꾸라꾸, 하루야, 패밀리언 |
| 생맥주 | | 쪼끼쪼끼, 해피리아, 블랙쪼끼, 비어캐빈 |
| 아이스크림 | | 레드망고, 아이스베리 |
| 회전초밥 | 2001~2003 | 스시히로바, 사까나야, 기요스시 |
| 하우스맥주 | | 오키스브로이하우스, 플래티늄,<br>도이치브로이하우스 |
| 불닭 | | 홍초불닭, 화계, 땡초불닭 |
| 퓨전<br>오므라이스 | | 오므토토마토, 오므라이스테이,<br>오므스위트, 에그몽 |
| 중저가<br>샤브샤브 | 2004~2005 | 정성본, 채선당, 어바웃샤브 |
| 베트남<br>쌀국수 | | 호아빈, 포베이, 포메인, 포타이 |

| 메뉴 | 시대 | 외식 브랜드 |
|---|---|---|
| 해물떡찜 | 2006~2007 | 해물떡찜0410, 크레이지페퍼, 홍가네해물떡찜 |
| 정육형 고깃집 | 2006~2007 | 다하누촌, 산외한우마을 |
| 저가 쇠고기 | | 아지매, 우스, 꽁돈, 우쌈, 우마루, 행복한 우담 |
| 국수 | 2008~2009 | (비빔국수, 잔치국수)망향비빔국수, 명동할머니국수, 산두리비빔국수, 늴니리맘보 |
| 일본라멘 | | 하코야, 멘쿠샤, 라멘만땅, 이찌멘 |
| 카페 | 2008~2013 | 스타벅스, 카페베네, 파리바게뜨 |
| 떡볶이 | 2011~2012 | 아딸, 죠스, 국대, 동대문엽기떡볶이 |
| 샐러드, 집밥 | 2013~2014 | 샐러드뷔페, 계절밥상, 자연별곡 |
| 디저트카페 | 2015~2017 | 몽슈슈, 초코렛바, 빙수 등 디저트 |

## 〈표 19〉 업종별 음식점업 현황(2015년 기준)

| 분류 | | 업체수 | | 종사자수 | |
|---|---|---|---|---|---|
| | | (개) | % | (명) | % |
| 음식점업 | 한식점업 | 299,477 | 65.1 | 841,125 | 59.9 |
| | 한식점 제외한 총합 | 159,775 | 34.9 | 562,513 | 40.1 |
| | 중국 음식점업 | 21,503 | 4.7 | 76,608 | 5.5 |
| | 일본 음식점업 | 7,466 | 1.6 | 33,400 | 2.4 |
| | 서양 음식점업 | 9,954 | 2.2 | 67,279 | 4.8 |
| | 기타 외국식 음식점업 | 1,588 | 0.3 | 8,268 | 0.6 |
| | 기관 구내 식당업 | 7,830 | 1.7 | 48,000 | 3.4 |
| | 출장 및 이동 음식업 | 511 | 0.1 | 2,620 | 0.2 |
| | 기타 음식점업 | 110,923 | 24.2 | 326,338 | 23.2 |
| | 소계 | 459,252 | 100.0 | 1,403,638 | 100.0 |
| 주점 및 비알콜 음료점업 | | 176,488 | | 420,576 | |
| 음식점업(합계) | | 635,740 | | 1,824,214 | |

<표 20> 사업장 면적규모별 음식점 분포도(2015년 기준)

| 사업장 면적규모 | | 음식점수(개) | (%) |
|---|---|---|---|
| 30㎡ 미만 | (9.3평) | 75,977 | 12.0 |
| 30㎡~50㎡ | (9.3평~15.4평) | 131,003 | 20.6 |
| 50㎡~100㎡ | (15.4평~30.9평) | 271,277 | 42.7 |
| 100㎡~300㎡ | (30.9평~92.6평) | 135,299 | 21.3 |
| 300㎡~1,000㎡ | (92.6평~302.5평) | 19,856 | 3.1 |
| 1,000㎡~3,000㎡ | (302.5평~907.5평) | 2,057 | 0.3 |
| 3,000㎡ | (907.5평) | 271 | 0.1 |
| 합　　계 | | 635,740 | 100.0 |

<표 21> 종사자 규모별 음식점(주점업포함)

(2015년 기준)

| 종사자규모 | 음식점수(개) | (%) | 종사자수(명) | (%) |
|---|---|---|---|---|
| 1~4명 | 559,338 | 88.0 | 1,170,619 | 64.2 |
| 5~9명 | 61,176 | 9.6 | 375,014 | 20.6 |
| 10~19명 | 11,685 | 1.8 | 147,249 | 8.0 |
| 20명 이상 | 3,541 | 0.6 | 131,332 | 7.2 |
| 합계 | 635,740 | 100.0 | 1,824,214 | 100.0 |

<표 22> 년 매출규모별 음식점 및 종사원 분포도

(2015년 기준)

| 매출규모 | 음식점수(개) | (%) | 종사원수(명) | (%) |
|---|---|---|---|---|
| 50 만원 미만 | 156,598 | 34.1 | 282,449 | 20.2 |
| 50~100만원 | 150,523 | 32.8 | 347,310 | 24.7 |
| 100~500만원 | 132,474 | 28.8 | 503,483 | 365.9 |
| 500~1000만원 | 15,862 | 3.4 | 152,236 | 10.8 |
| 1000만원 이상 | 4,294 | 0.9 | 118,160 | 8.4 |
| 합계 | 459,252 | 100.0 | 1,403,638 | 100.0 |

<표 23> 음식점업 시도별 현황(2015)

| 구분 | 사업체수 | 사업체수<br>비중 | 종사자수 | 매출액 | 업체당<br>매출액 | 1인당<br>매출액 |
|---|---|---|---|---|---|---|
| 전국 | 635.7 | 100 | 1,824.2 | 79,579.6 | 125.1 | 43.6 |
| 서울 | 116.8 | 18.4 | 409.1 | 19,559.5 | 167.4 | 47.8 |
| 부산 | 47.1 | 7.4 | 135.7 | 5,921.2 | 125.6 | 43.6 |
| 대구 | 31.4 | 4.9 | 84.8 | 3,513.7 | 112.0 | 41.5 |
| 인천 | 29.8 | 4.7 | 85.1 | 3,845.9 | 128.9 | 45.2 |
| 광주 | 17.1 | 2.7 | 50.3 | 2,163.1 | 126.3 | 43.0 |
| 대전 | 18.3 | 2.9 | 54.2 | 2,559.1 | 140.0 | 47.2 |
| 울산 | 16.1 | 2.5 | 42.9 | 2,043.7 | 126.9 | 47.6 |
| 세종 | 1.6 | 0.2 | 4.1 | 185.2 | 116.7 | 44.7 |
| 경기 | 126.7 | 19.9 | 387.3 | 17,754.4 | 140.1 | 45.8 |
| 강원 | 29 | 4.6 | 68.8 | 2,521.8 | 86.9 | 36.7 |
| 충북 | 22.7 | 3.6 | 56.4 | 2,227.0 | 98.0 | 39.5 |
| 충남 | 28.2 | 4.4 | 71.8 | 3,056.2 | 108.3 | 42.6 |
| 전북 | 22.7 | 3.6 | 60.2 | 2,202.3 | 96.9 | 36.6 |
| 전남 | 25.6 | 4.0 | 60.7 | 2,262.0 | 88.5 | 37.3 |
| 경북 | 41.8 | 6.6 | 95.6 | 3,788.9 | 90.6 | 39.6 |
| 경남 | 49.9 | 7.8 | 125.4 | 4,906.1 | 98.3 | 39.1 |
| 제주 | 10.8 | 1.7 | 31.7 | 1,039.6 | 96.5 | 32.8 |

〈표 24〉 프랜차이즈 산업 주요 3개국 현황

| 구분 | 한국(2015년) | 일본(2012년) | 미국(2010년) |
|---|---|---|---|
| 가맹본부 수 | 3,482 | 1,281 | 2,300 |
| 가맹점 수 | 207,068 | 240,000 | 767,000 |
| 매출액(년) | 약 102조 | 약 22조 287억 엔 | 1조 달러 |
| 고용인원 | 124만 | 200~300만 | 1,740만 |
| 외식업 비중 | 본부 72%<br>가맹점 44% | 외식업 17.5%<br>(매출기준)<br>외식업 41.8%<br>(본부기준) | 외식업 42%<br>패스트푸드 31% |

〈표 25〉 외식 프랜차이즈 현황

| 구분 | 외식가맹<br>본부 수 | 전체가맹<br>본부 수 | 외식가맹점 수 | 전체가맹점 수 |
|---|---|---|---|---|
| 2011 | 1,309(64%) | 2,042 | 60,268(40.5%) | 148,719 |
| 2012 | 1,598(66.4%) | 2,405 | 68,068(39.8%) | 170,926 |
| 2013 | 1,810(67.5%) | 2,678 | 72,903(41.3%) | 176,788 |
| 2014 | 2,089(70.3%) | 2,973 | 84,046(44.1%) | 190,730 |
| 2015 | 2,251(72.4%) | 3,482 | 88,953(45.8%) | 194,199 |

〈표 26〉 국내 프랜차이즈 현황(2015 기준)

| 가맹본부 | 가맹점 |
|---|---|
| 외식업 72% | 외식업 46% |
| 서비스업 19% | 서비스업 31% |
| 도·소매업 9% | 도·소매업 23% |

〈표 27〉 국내 프랜차이즈 현황(2015 기준)

| 년도 | 가맹본부 수 | 가맹브랜드 수 | 직영점 수 | 가맹점 수 |
|---|---|---|---|---|
| 2010년 | 2,042 | 2,550 | 9,477 | 148,719 |
| 2015년 | 3,482 | 4,288 | 12,869 | 194,199 |

〈표 28〉 국내 프랜차이즈 업종별 브랜드 수(단위:개)

| 년도 | 전체 | 외식업 | 서비스업 | 도소매업 |
|---|---|---|---|---|
| 2011년 | 2,947 | 1,942 | 593 | 392 |
| 2012년 | 3,311 | 2,246 | 631 | 434 |
| 2013년 | 3,691 | 2,263 | 743 | 325 |
| 2014년 | 4,288 | 3,142 | 793 | 353 |

| 치킨 | 한식 | 주점 | 피자 · 햄버거 |
|---|---|---|---|
| 22,529 | 20,119 | 10,934 | 8,542 |
| 커피전문점 | 제빵 · 제과 | 분식 · 김밥 | 일식 · 서양식 |
| 8,456 | 8,247 | 6,413 | 2,520 |

〈표 30〉 외식 업종별 신생률(단위:%)

| 업종 | 수도권 | | | | 비수도권 |
|---|---|---|---|---|---|
| | 서울 | 인천 | 경기 | 평균 | |
| 한식음식점 | 7.6 | 8.1 | 7.9 | **7.8** | 7.1 |
| 중식음식점 | 7.5 | 5.4 | 8.4 | **7.7** | 5.3 |
| 일식음식점 | 10.7 | 6.5 | 11.1 | **10.5** | 9.0 |
| 경양식음식점 | 9.9 | 13.6 | 11.8 | **10.6** | 10.8 |
| 패스트푸드점 | 9.4 | 10.9 | 12.1 | **10.8** | 13.4 |
| 치킨전문점 | 10.2 | 10.8 | 10.7 | **10.5** | 10.9 |
| 분식음식점 | 6.4 | 11.5 | 11.3 | **8.5** | 9.9 |
| 주점 | 9.6 | 8.4 | 10.2 | **9.7** | 8.0 |
| 커피숍 | 20.7 | 22.1 | 24.7 | **22.5** | 20.0 |

<표 31> 업종별 활동업체수 증감률(단위:%)

| 업종 | 수도권 | | | | 비수도권 |
|---|---|---|---|---|---|
| | 서울 | 인천 | 경기 | 평균 | |
| 한식음식점 | -1.3 | -0.5 | -1.1 | **-1.1** | -0.4 |
| 중식음식점 | 0.1 | -2.1 | 0.2 | **-0.1** | -1.6 |
| 일식음식점 | 3.3 | 0.6 | 3.4 | **3.1** | 3.3 |
| 경양식음식점 | 1.6 | 5.7 | 3.5 | **2.3** | 2.0 |
| 패스트푸드점 | -0.7 | 4.0 | 5.3 | **2.4** | 7.0 |
| 치킨전문점 | 1.4 | 0.9 | 2.9 | **2.1** | 3.8 |
| 분식음식점 | -3.4 | 0.7 | 1.4 | **-1.4** | 1.9 |
| 주점 | -0.3 | 0.2 | 0.9 | **0.3** | 1.2 |
| 커피숍 | 15.1 | 20.8 | 20.7 | **18.0** | 13.1 |

<표 32> 업종별 5년 생존율(단위:%)

| 업종 | 수도권 | | | | 비수도권 |
|---|---|---|---|---|---|
| | 서울 | 인천 | 경기 | 평균 | |
| 한식음식점 | 55.4 | 57.0 | 56.4 | **56.0** | 61.7 |
| 중식음식점 | 63.5 | 69.6 | 61.4 | **63.1** | 72.2 |
| 일식음식점 | 59.5 | 50.0 | 57.3 | **58.2** | 68.0 |
| 경양식음식점 | 61.4 | 48.7 | 59.3 | **60.5** | 61.2 |
| 패스트푸드점 | 53.0 | 69.4 | 60.4 | **58.2** | 63.9 |
| 치킨전문점 | 61.9 | 54.7 | 59.8 | **60.0** | 63.4 |
| 분식음식점 | 49.9 | 54.0 | 49.8 | **50.4** | 58.0 |
| 주점 | 59.0 | 63.9 | 58.2 | **59.1** | 65.7 |
| 커피숍 | 57.4 | 64.8 | 48.7 | **54.5** | 51.6 |

<표 33> 수도권 업종별 생존기간 10년 미만 비율

| 업종 | 수도권(%) | | | | 비수도권(%) |
|---|---|---|---|---|---|
| | 서울 | 인천 | 경기 | 평균 | |
| 한식음식점 | 53.9 | 50.4 | 56.7 | **54.9** | 45.9 |
| 중식음식점 | 47.3 | 45.2 | 53.7 | **49.9** | 37.5 |
| 일식음식점 | 63.5 | 46.4 | 62.2 | **61.7** | 54.0 |
| 경양식음식점 | 59.4 | 64.5 | 64.7 | **61.2** | 56.7 |
| 패스트푸드점 | 78.2 | 73.8 | 69.4 | **73.7** | 62.6 |
| 치킨전문점 | 68.5 | 69.7 | 71.6 | **70.3** | 66.5 |
| 분식음식점 | 43.6 | 65.7 | 64.3 | **52.7** | 57.0 |
| 주점 | 58.8 | 52.0 | 61.3 | **59.1** | 55.3 |
| 커피숍 | 86.5 | 76.2 | 84.4 | **84.5** | 70.3 |

<표 34> 업종별 상주인구기준 포화도 상위 지역

| 업종 | 서울 | 인천 | 경기 |
|---|---|---|---|
| 한식음식점 | 중구(3.6) | 옹진군(2.1) | 가평군(3.5) |
| 중식음식점 | 중구(3.5) | 중구(2.3) | 가평군(2.8) |
| 일식음식점 | 중구(3.8) | 강화군(1.9) | 평택시(2.9) |
| 경양식음식점 | 종로구(2.9) | 중구(2.0) | 포천시(3.0) |
| 패스트푸드점 | 강남구(4.7) | 중구(1.5) | 가평군(3.6) |
| 치킨전문점 | 중구(2.4) | 동구(1.6) | 연천군(2.7) |
| 분식음식점 | 종로구(3.3) | 동구(1.9) | 연천군(4.0) |
| 주점 | 마포구(2.4) | 부평구(1.3) | 구리시(2.5) |
| 커피숍 | 중구(3.9) | 강화군(1.8) | 연천군(3.2) |

## 〈표 35〉 2015년 활동업체 현황(단위:개,%)

| | | 전국 | 수도권 | | | | 비수도권 |
|---|---|---|---|---|---|---|---|
| | | | 서울 | 인천 | 경기 | 평균 | |
| 한식<br>음식점 | 개수 | 289,358 | 53,092 | 11,408 | 58,235 | **122,735** | 166,623 |
| | 증감 | -2,015 | -680 | -56 | -623 | **-1,359** | -656 |
| | 증감률 | -0.7 | -1.3 | -0.5 | -1.1 | **-1.1** | -0.4 |
| 중식<br>음식점 | 개수 | 21,428 | 4,030 | 999 | 3,970 | **8,999** | 12,429 |
| | 증감 | -218 | 4 | -21 | 6 | **-11** | -207 |
| | 증감률 | -1.0 | 0.1 | -2.1 | 0.2 | **-0.1** | -1.6 |
| 일식<br>음식점 | 개수 | 12,784 | 4,844 | 645 | 2,499 | **7,988** | 4,796 |
| | 증감 | 394 | 155 | 4 | 82 | **241** | 153 |
| | 증감률 | 3.2 | 3.3 | 0.6 | 3.4 | **3.1** | 3.3 |
| 경양식<br>음식점 | 개수 | 27,023 | 9,463 | 575 | 4,141 | **14,179** | 12,844 |
| | 증감 | 568 | 148 | 31 | 139 | **318** | 250 |
| | 증감률 | 2.1 | 1.6 | 5.7 | 3.5 | **2.3** | 2.0 |
| 패스트<br>푸드점 | 개수 | 8,283 | 1,738 | 366 | 1,837 | **3,941** | 4,342 |
| | 증감 | 378 | -13 | 14 | 93 | **94** | 284 |
| | 증감률 | 4.8 | -0.7 | 4.0 | 5.3 | **2.4** | 7.0 |
| 치킨<br>전문점 | 개수 | 36,895 | 5,745 | 1,987 | 8,966 | **16,698** | 20,197 |
| | 증감 | 1,085 | 80 | 18 | 250 | **348** | 737 |
| | 증감률 | 3.0 | 1.4 | 0.9 | 2.9 | **2.1** | 3.8 |
| 분식<br>음식점 | 개수 | 41,454 | 12,075 | 2,094 | 7,171 | **21,340** | 20,114 |
| | 증감 | 73 | -423 | 15 | 102 | **-306** | 379 |
| | 증감률 | 0.2 | -3.4 | 0.7 | 1.4 | **-1.4** | 1.9 |
| 주점 | 개수 | 65,775 | 12,396 | 3,908 | 13,941 | **30,245** | 35,530 |
| | 증감 | 512 | -39 | 6 | 120 | **87** | 425 |
| | 증감률 | 0.2 | -0.3 | 0.2 | 0.9 | **0.3** | 1.2 |
| 커피숍 | 개수 | 50,270 | 11,055 | 2,446 | 9,712 | **23,213** | 27,057 |
| | 증감 | 6,666 | 1,453 | 421 | 1,664 | **3,538** | 3,128 |
| | 증감률 | 15.3 | 15.1 | 20.8 | 20.7 | **18.0** | 13.1 |

〈표 36〉 국내 주요 50개 외식업체 2016년 실적

| | 법인명 | 대표브랜드 | 매출액 | | |
|---|---|---|---|---|---|
| | | | 2016년 | 증감률 | 2015년 |
| 1 | 파리크라상 | 파리바게뜨 | 1,777,178,739,028 | 2.86% | 1,727,743,711,101 |
| 2 | CJ푸드빌 | 빕스 | 1,250,423,221,494 | 3.66% | 1,206,274,856,583 |
| 3 | 스타벅스코리아 | 스타벅스 | 1,002,814,318,251 | 29.58% | 773,900,207,510 |
| 4 | 롯데GRS | 롯데리아 | 948,881,502,698 | -1.17% | 960,107,706,719 |
| 5 | 이랜드파크 | 애슐리 | 805,448,929,846 | 11.06% | 725,259,064,288 |
| 6 | 농협목우촌 | 또래오래 | 539,706,247,053 | 06.05% | 574,447,698,787 |
| 7 | 비알코리아 | 던킨도너츠 | 508,589,410,709 | -2.24% | 520,244,187,126 |
| 8 | 교촌에프앤비 | 교촌치킨 | 291,134,570,511 | 13.03% | 257,568,343,023 |
| 9 | 비케이알 | 버거킹 | 253,165,340,964 | -9.10% | 278,519,490,955 |
| 10 | 제너시스BBQ | BBQ | 219,753,548,128 | 1.80% | 215,859,733,466 |
| 11 | 청오디피케이 | 도미노피자 | 210,258,669,230 | 7.61% | 195,397,386,682 |
| 12 | 해마로푸드서비스 | 맘스터치 | 201,871,094,029 | 35.82% | 148,630,305,769 |
| 13 | 에스알에스코리아 | KFC | 177,025,154,533 | 1.32% | 174,724,909,649 |
| 14 | 더본코리아 | 새마을식당 | 174,871,404,102 | 41.18% | 123,861,782,375 |
| 15 | 본아이에프 | 본죽 | 161,915,426,742 | 12.99% | 143,298,606,904 |
| 16 | 이디야 | 이디야커피 | 153,544,611,986 | 13.30% | 135,521,376,709 |
| 17 | 지앤푸드 | 굽네치킨 | 146,963,838,585 | 49.35% | 98,403,070,608 |
| 18 | 커피빈코리아 | 커피빈 | 146,020,774,483 | 5.10% | 138,938,692,307 |
| 19 | 할리스에프앤비 | 할리스커피 | 128,620,870,080 | 18.45% | 108,584,230,041 |
| 20 | 놀부 | 놀부부대찌개 | 120,371,880,274 | 0.61% | 119,644,883,536 |
| 21 | 엠피그룹 | 미스터피자 | 97,057,713,543 | -12.03% | 110,334,442,101 |
| 22 | 한솥 | 한솥도시락 | 93,450,170,833 | 8.69% | 85,977,883,670 |
| 23 | 탐앤탐스 | 탐앤탐스 | 86,904,811,559 | -2.09% | 88,763,650,721 |
| 24 | 아모제푸드 | 카페아모제 | 77,709,476,186 | -10.79% | 87,021,856,784 |
| 25 | 카페베네 | 카페베네 | 76,579,195,280 | -30.45% | 110,110,201,113 |
| 26 | 토다이코리아 | 토다이 | 75,712,432,549 | 1.81% | 74,366,111,820 |
| 27 | 원앤원 | 원할머니보쌈 | 75,335,571,616 | -1.76% | 76,685,431,644 |
| 28 | 디딤 | 신마포갈매기 | 65,752,103,510 | 6.20% | 61,915,832,179 |
| 29 | 엔티스 | 경복궁 | 64,214,566,518 | 0.04% | 64,191,883,374 |
| 30 | 전한 | 강강술래 | 62,605,427,065 | 16.76% | 53,617,791,947 |

| | 법인명 | 대표브랜드 | 영업이익 | | |
|---|---|---|---|---|---|
| | | | 2016년 | 증감률 | 2015년 |
| 1 | 파리크라상 | 파리바게뜨 | 66,466,341,645 | -2.83% | 68,401,992,788 |
| 2 | CJ푸드빌 | 빕스 | 7,612,835,874 | -27.61% | 10,515,825,667 |
| 3 | 스타벅스코리아 | 스타벅스 | 85,263,869,944 | 80.87% | 47,141,285,776 |
| 4 | 롯데GRS | 롯데리아 | 19,265,680,668 | 43.52% | 13,423,529,274 |
| 5 | 이랜드파크 | 애슐리 | -13,042,395,296 | 적자지속 | -18,567,855,117 |
| 6 | 농협목우촌 | 또래오래 | 2,388,904,185 | -43.58% | 4,234,412,263 |
| 7 | 비알코리아 | 던킨도너츠 | 40,507,512,902 | -21.78% | 51,789,190,475 |
| 8 | 교촌에프앤비 | 교촌치킨 | 17,697,273,857 | 16.81% | 15,150,420,135 |
| 9 | 비케이알 | 버거킹 | 10,753,419,177 | -11.41% | 12,138,378,984 |
| 10 | 제너시스BBQ | BBQ | 19,119,575,719 | 37.65% | 13,889,867,948 |
| 11 | 청오디피케이 | 도미노피자 | 26,148,974,238 | 14.85% | 22,763,349,909 |
| 12 | 해마로푸드서비스 | 맘스터치 | 17,257,002,377 | 93.95% | 8,897,630,011 |
| 13 | 에스알에스코리아 | KFC | -12,262,188,782 | 적자전환 | 2,519,865,023 |
| 14 | 더본코리아 | 새마을식당 | 19,762,485,462 | 80.08% | 10,974,482,886 |
| 15 | 본아이에프 | 본죽 | 9,643,020,060 | 108.54% | 4,624,133,933 |
| 16 | 이디야 | 이디야커피 | 15,785,054,983 | -3.36% | 16,333,174,813 |
| 17 | 지앤푸드 | 굽네치킨 | 14,074,334,840 | 150.02% | 5,629,268,870 |
| 18 | 커피빈코리아 | 커피빈 | 6,415,508,347 | 63.97% | 3,912,507,369 |
| 19 | 할리스에프앤비 | 할리스커피 | 12,733,558,418 | 85.71% | 6,856,590,390 |
| 20 | 놀부 | 놀부부대찌개 | 4,471,311,917 | 71.67% | 2,604,572,263 |
| 21 | 엠피그룹 | 미스터피자 | -8,906,726,136 | 적자지속 | -7,258,907,426 |
| 22 | 한솥 | 한솥도시락 | 7,537,969,650 | -3.90% | 7,844,235,483 |
| 23 | 탐앤탐스 | 탐앤탐스 | 2,361,398,129 | -46.33% | 4,399,702,445 |
| 24 | 아모제푸드 | 카페아모제 | -691,750,183 | 적자지속 | -514,452,289 |
| 25 | 카페베네 | 카페베네 | -554,827,454 | 적자지속 | -4,381,991,762 |
| 26 | 토다이코리아 | 토다이 | 1,890,163,061 | -34,38% | 2,880,632,811 |
| 27 | 원앤원 | 원할머니보쌈 | 1,906,415,161 | 28.04% | 1,488,921,918 |
| 28 | 디딤 | 신마포갈매기 | 5,531,547,756 | 109.18% | 2,644,406,000 |
| 29 | 엔티스 | 경복궁 | 3,495,529,796 | 6.93% | 3,268,846,170 |
| 30 | 전한 | 강강술래 | 6,253,723,716 | 156.51% | 2,438,038,325 |

172　

| | 법인명 | 대표브랜드 | 당기순이익 | | |
|---|---|---|---|---|---|
| | | | 2016년 | 증감률 | 2015년 |
| 1 | 파리크라상 | 파리바게뜨 | 55,101,759,875 | 6.56% | 51,707,226,710 |
| 2 | CJ푸드빌 | 빕스 | 5,213,030,763 | 흑자전환 | -7,399,515,626 |
| 3 | 스타벅스코리아 | 스타벅스 | 65,250,646,249 | 130.68% | 28,286,458,919 |
| 4 | 롯데GRS | 롯데리아 | -11,328,471,862 | 적자지속 | -57,188,774,814 |
| 5 | 이랜드파크 | 애슐리 | -80,415,701,255 | 적자전환 | 3,259,340,450 |
| 6 | 농협목우촌 | 또래오래 | 176,061,903 | -96.06% | 4,474,241,678 |
| 7 | 비알코리아 | 던킨도너츠 | 35,748,612,156 | -17.04% | 43,090,305,701 |
| 8 | 교촌에프앤비 | 교촌치킨 | 10,333,269,262 | 48.13% | 6,975,624,101 |
| 9 | 비케이알 | 버거킹 | 8,041,478,568 | -6.98% | 8,644,484,103 |
| 10 | 제너시스BBQ | BBQ | 5,622,355,657 | -25.79% | 7,575,978,570 |
| 11 | 청오디피케이 | 도미노피자 | 20,886,060,816 | 15.86% | 18,027,199,494 |
| 12 | 해마로푸드서비스 | 맘스터치 | 9,295,865,326 | 52.53% | 6,094,487,395 |
| 13 | 에스알에스코리아 | KFC | -18,989,243,531 | 적자전환 | 1,239,410,933 |
| 14 | 더본코리아 | 새마을식당 | 19,246,938,573 | 176.53% | 6,960,110,664 |
| 15 | 본아이에프 | 본죽 | 6,541,937,183 | 666.68% | 853,282,435 |
| 16 | 이디야 | 이디야커피 | 11,157,627,325 | -14,73% | 13,085,209,896 |
| 17 | 지앤푸드 | 굽네치킨 | 9,051,485,230 | 98.68% | 4,555,730,841 |
| 18 | 커피빈코리아 | 커피빈 | 4,274,213,864 | 68.04% | 2,543,614,329 |
| 19 | 할리스에프앤비 | 할리스커피 | 9,112,688,828 | 97.97% | 4,603,109,833 |
| 20 | 놀부 | 놀부부대찌개 | 34,729,365 | 흑자전환 | -1,185,695,358 |
| 21 | 엠피그룹 | 미스터피자 | -13,169,290,522 | 적자지속 | -5,685,686,269 |
| 22 | 한솔 | 한솔도시락 | 5,937,412,411 | -6.94% | 6,379,860,772 |
| 23 | 탐앤탐스 | 탐앤탐스 | -2,700,843,324 | 적자전환 | 1,006,075,983 |
| 24 | 아모제푸드 | 카페아모제 | -2,894,719,809 | 적자지속 | -2,831,863,842 |
| 25 | 카페베네 | 카페베네 | -24,199,662,544 | 적자지속 | -33,998,615,819 |
| 26 | 토다이코리아 | 토다이 | -302,769,030 | 적자전환 | 60,192,423 |
| 27 | 원앤원 | 원할머니보쌈 | 1,050,809,166 | -46.68% | 1,970,922,444 |
| 28 | 디딤 | 신마포갈매기 | 3,882,856,783 | 206.73% | 1,265,883,943 |
| 29 | 엔티스 | 경복궁 | 870,450,996 | 62.51% | 535,619,685 |
| 30 | 전한 | 강강술래 | 4,044,752,337 | 204.26% | 1,329,361,651 |

## 〈그림1〉 나이별로 보는 음식 선호도

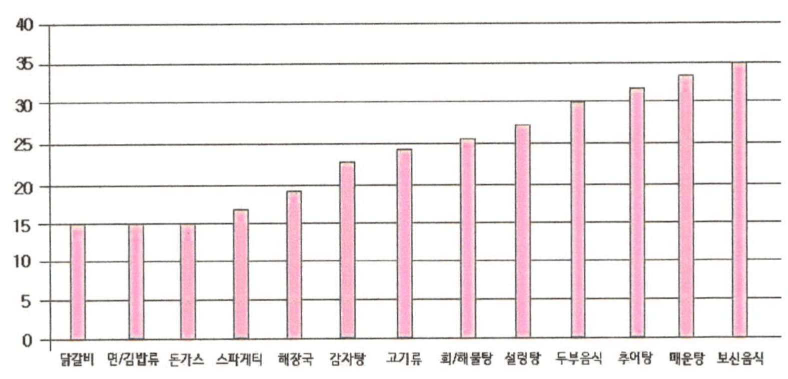



## 〈표 37〉 외식장소 선택기준

| 연도 | 식당 선택기준 |
|---|---|
| 1985년 | 가격, 맛, 위생 |
| 1990년 | 맛, 청결, 가격 |
| 1995년 | 맛(87.1%), 서비스(4.6%), 분위기(4.4%) |
| 2000년 | 맛(77%), 서비스(37.4%), 분위기(32.7%) |
| 2005년 | 맛(72.3%), 가격(15.5%), 양(4.4%) |
| 2010년 | 맛(71.2%), 분위기(10.2%), 교통(8.4%) |
| 2015년 | 맛(82.6%), 분위기(25.2%), 교통(21.3%) |
| 2017년 | 맛(77.3%), 분위기(7.1%), 가까운 위치와 교통(6.8%) |

<표 38> 상권별 특징

| 구분 | 특징 |
|---|---|
| 오피스 | - 말, 저녁 공백.<br>- 직장인 상권의 경우 짧은 이동을 선호하는 경향이 강하여  어디에 입지하는가가 중요함.<br>- 따라서 오피스 이면 유동인구가 많은 곳이 상대적으로 유리.<br>- 직장인을 목표시장으로 하는 만큼 규모를 크게 하고 현대화된 환경으로 창업하는 것이 유리. |
| 역세권 | - 영업시간이 상대적으로 길고 자영업자의 피로도가 큼.<br>- 24시간 성황, 주말 유입인구가 크고 업종이 다양하며 유흥성향이 상대적으로 강한 상권 곱창전문점은 B급지에 입지하는 것이 적당, |
| 대학가 | - 찾아다니며 소비하는 성향이 강해 상권이 넓게 형성. 따라서 입지 선택의 여건이 상대적으로 양호. |
| 주택가 | - 평일 공백<br>- 가족단위 소비자를 유입할 수 있는 환경을 구축하는 것이 필요 |
| 전문 쇼핑가 | - 업종별 군집형태로 상권 발달<br>- 쇼핑가 자영업자를 목표시장으로 전문상가 인근에 입지 |

〈표 39〉 보쌈전문점 최적의 상권입지

| 적합상권<br>유형 | 장·단점 | |
|---|---|---|
| **제1후보지<br>주택가<br>진입로변상권** | 장점 | 보쌈전문점 주 수요층의 접근성이 좋은 대단위 주택가 진입로 변 1층 매장이 가장 적합하다. |
| | 단점 | 주택가 상권의 경우 직장인 수가 적다. 점심 매출이 기대만큼 나오지 않을 수 있다. |
| **제2후보지<br>아파트<br>주거지역** | 장점 | 거주밀집지역의 틈새상권도 좋다. 배달을 전문으로 하는 소규모 업체라면 적극 추천한다. |
| | 단점 | 틈새 입지개발이 쉬운 일이 아닌 만큼 단골을 만들기 위한 노력이 필요하다. |
| **제3후보지<br>역세권,<br>오피스밀집<br>상권** | 장점 | 직장인 유동인구가 많은 역세권이나 오피스밀집상권, 먹자상권은 어떤 아이템이 들어가도 반은 먹고 들어갈 수 있다. |
| | 단점 | 보증금, 월세, 권리금이 높아 매출은 높으나 수익성이 떨어질 수 있다. |

**〈표 40〉 장어전문점의 최적 상권입지**

| 제1후보지<br>사무실 밀집지역 및<br>도심 오피스상권<br>먹자골목 | | 제2후보지<br>도심외곽 관광지 및<br>강변상권 | | 제3후보지<br>주택가로 이어지는<br>대로변 | |
|---|---|---|---|---|---|
| 장점 | 단점 | 장점 | 단점 | 장점 | 단점 |
| 주택가 상권보다는 관공서 주변 상권과 회식 수요가 있는 사무실 밀집지역이 적합하다. 30~50대 남성들의 분포가 많은 지역이라 장어의 수요가 많다. | 직장인들을 대상으로 하는 저렴한 가격의 점심 메뉴를 개발해야 한다. 주5일 근무로 주말 매출이 저조할 수 있다. | 장어 전문점은 보양식품이라는 인식이 크기 때문에 도심 한가운데보다 외곽지역에서 장어를 찾는 사람들이 많다. 임진강 일대, 고창 선운사 일대, 남양주 운길산역 일대가 장어타운이 형성된 이유다. | 주말고객층과 평일고객층의 편차가 크다는 점이다. 수도권 상권의 경우 평일 접근성이 높은 지역 선정이 중요하다. | 장어전문점 특성상 주택가 진입로 대로변 매장이 관건이다. 눈에 띄는 입지가 목적 구매고객을 공략할 수 있다. | 평일 낮 매출을 담보하기 어렵다. 주부들의 계모임이나 동네의 크고 작은 행사를 유치하는 등 매출 증대를 위한 전략을 세울 필요가 있다. |

**〈표 41〉 갈비 전문점의 최적의 상권입지**

| 적합상권 유형 | | 장·단점 |
|---|---|---|
| 제1후보지<br>(대단위 아파트<br>상권 내 외식상권) | 장점 | 갈비 전문점의 주 수요층이라고 할 수 있는 주부·가족단위고객을 공략하는 데는 1만 세대 이상이 거주하는 아파트상권이 적합하다 |
| | 단점 | 아파트상권의 경우 분양가 거품으로 인해 점포임대가가 높기 때문에 자칫 투자 수익률이 떨어질 수 있는 위험성이 있다. |
| 제2후보지<br>(주택가상권 대로변<br>입지) | 장점 | 갈비 전문점은 대형화 전문화 바람을 타고 있는 아이템이다. 가시성과 접근성이 좋은 주택가 상권 진입로 대로변을 추천한다. 대형매장을 공략한다면 지역의 랜드마크 역할을 하면서 안정 수익을 확보할 수 있다. |
| | 단점 | 대형 매장의 경우 점포구입비와 점포 시설투자비가 높다. 초기투자 비용이 상당하므로 쉽사리 진행하기 어렵다. |
| 제3후보지<br>(역세상권 내<br>먹자골목) | 장점 | 지속적인 안정 수요층을 확보하는 데는 역세상권의 먹자골목도 나쁘지 않다. |
| | 단점 | 먹자골독 내의 경쟁점포가 많기 때문에 자칫 먹자골목 경쟁우위를 점유하지 못한다면 상권 내 경쟁구도에서 밀려날 수 있는 위험성이 높다. |

## 〈표 42〉 닭갈비 전문점, 대학가·먹자골목 최적의 상권 입지

| 적합상권 유형 | | 장·단점 |
|---|---|---|
| 제1후보지<br>(지하철역 인근<br>먹자골목) | 장점 | 지하철역 인근 먹자골목이나 중심상가 이면도로는 닭갈비 전문점의 최적 입지다. 내부가 들여다보이는 1층 매장이면 더욱 좋다. 우선 유동인구가 많고, 저녁모임이 많이 이루어지는 곳이라 소모임이나 회식수요가 많다. |
| | 단점 | 주 영업시간이 밤이기 때문에 늦은 시간까지 영업을 해야 한다. 체력이 뒷받침되지 않으면 운영에 차질을 빚을 수 있다. |
| 제2후보지<br>(대학가 주변) | 장점 | 닭갈비에 대한 선호도가 가장 높은 계층이 모이는 지역이다. 맛과 서비스에 관리를 잘하면 단골손님 확보가 용이하다. |
| | 단점 | 점포 구입단계에서 투자비용이 높다. 물건을 구하기도 쉽지 않다. 어설프게 접근하면 손해만 볼 확률이 높다. |
| 제3후보지)<br>(사무실주변<br>유동인구 많은<br>곳) | 장점 | 직장인들의 모임 장소로 콘셉트를 잡는 게 중요하다. 점심메뉴를 개발해 점심영업을 기대  할 수 있다. |
| | 단점 | 주말 매출을 기대하기 어렵다. 저녁 매출이 중요한 업종이지만, 퇴근시간대 매출이 생각만큼 나오지 않을 가능성도 있다. |

관통도로란 시 경계선에서 시내와 시외를 연결하는 주요 도로를 말한다. 적은 자본으로 음식 장사로 한몫 잡고 싶다면 이들 관통도로의 교통량을 분석하는 것이 좋다. 국내에는 도시 크기가 매우 크고 근처에 거대 위성 도시를 끼고 있어도 관통도로에 하루 20만대가 넘는 교통량을 보이는 지역이 없다. 그럼 관통 도로의 교통량이 대강 어느 정도이면 음식점의 장사가 잘되는 것일까?

교통량이 많이 발생하는 관통 도로에는 도로를 따라 여러 개의 핵심 상권이 자생하고 있다. 음식점을 이 핵심 상권에 입점시키는 것도 좋은 방법이지만 건물 임대료가 비싸다. 이럴 경우에는 교통량을 믿고 대로변에 음식점을 입점시키는 것도 생각해볼 만하다. 남태령 고개를 예로 들어보면, 남태령 고개는 경기도 과천과 서울 사당동을 연결하는 고개 이름이다. 이 고개를 따라 서울 방향으로 발전한 상권이 사당동 역세권이다. 그 밑으로는 방배동 상권이 있다. 예전에는 시계를 연결하는 단순한 도로에 불과했으나 서울 외곽에서 서울 시내로 출퇴근하는 사람들이 많아지면서 사당동은 대형 상권으로 발전하였다.

관통 도로와 같은 대로변에 음식점을 입점시킬 때는 하루 평균 5만 대 정도의 교통량이 발생하는 도로로 생각해볼 만하다. 5만 대 수준이면 대강 맛이 있거나 분위기가 있는 요식업소라면 매출이 일정 이상으로 발생한다.

그렇다면 교통량 계산은 어떻게 하나? 어떤 한 지점의 교통량은 일반적으로 출근이 시작되는 아침 7시를 전후로 해서 늘어나기 시작한 뒤 8시부터 9시 사이가 그날의 최고 피크 타임이 된다. 그런 뒤 교통량이 일정 수준으로 계속 유지되다가 오후 퇴근 시간이 되자 교통량이 다소 늘어났다가 새벽 1시면 현저하게 줄어든다는 공통점이 있다.

즉 아침 9시대에 피크를 이루고 점심을 전후로 약간씩 줄어들었다가 저녁 퇴근 시간대에 다시 피크를 이룬 뒤 새벽 1시까지 천천히 감소하다가 새벽 1시를 넘으면 현저하게 줄어든다. 이로 인해 아침 피크 시간대의 교통량과 교통량이 제일 적은 새벽 4시경의 교통량은 3배에서 5배 정도의 차이가 발생한다.

관통 도로에서의 교통량은 오전(07~09시), 점심(11~14시), 퇴근 시간(17~19시) 사이에 측정한다. 새벽 1시부터 아침 7시까지의 교통량은 피크 타임의 3분의 1로 계산한 후 평균을 잡으면 하루 교통량의 윤곽이 대강 잡힌다.

일반적으로 주거 지역에서는 21시~23시 사이에 교통량이 점차 줄어들지만, 심야 영업이 활발한 지역은 21시~23시경에 다소 교통량이 늘어나는 특징을 가지고 있다. 따라서 술집을 창업하려면 그 지역(먹자골목 등)의 밤 21시부터 23시까지의 교통량을 측정하는 것이 좋다. 만일 21시를 기준으로 시간당 교통량의 유입 유출 합계가 3천대 이상이라면 그 지역은 심야 상권이 활발한 지역이라고 볼 수 있다.(밤 9시부터 10시까지 3천대 이상의 유동량을 보이는 도로라면 그 도로는 교통 정체가 상당히 심한 도로라고 말할 수 있다.)

## 〈표 43〉 서울의 관통 도로 교통량

| 도로 명 | 교통량(대) |
| --- | --- |
| 양재대로 | 약 13만 |
| 시흥대로 | 약 12만 |
| 하일동 | 약 10만 |
| 남태령 | 약 9만 |
| 통일로 | 약 9만 |
| 도봉로 | 약 7만 9천 |
| 망우리 | 약 7만 7천 |
| 복정 검문소 | 약 6만 |
| 서하남 | 약 6만 |
| 서오릉 | 약 4만 |

한정식 전문점/ 산채요리 전문점/나물요리 전문점/ 약선요리 전문점/ 궁중요리 전문점/ 사찰음식 전문점/ 한식당/ 한식배달 전문점/ 생선구이백반 전문점/ 연탄구이백반 전문점/ 우렁된장 전문점/ 대통밥 전문점/ 중화요리 전문점/ 중화요리 뷔페/ 테이크아웃 중화요리 전문점/ 중화요리 패밀리 레스토랑/ 기사식당/ 5,000원 기사식당/ 돼지김치찌개 전문 기사식당/ 해물탕 전문 기사식당/ 연탄구이 기사식당/ 일식집/ 활어횟집/ 장어 전문점/ 초밥 전문점/ 퓨전초밥 전문점/ 회전초밥 전문점/ 일본음식 전문점/ 보쌈 전문점/ 부대찌개 전문점/ 수제 부대찌개 전문점/ 빈대떡 전문점/ 족발 전문점/ 닭갈비 전문점/ 찜닭 전문점/ 바비큐 치킨 전문점/ 통닭 전문점/ 닭볶음탕 전문점/ 삼계탕 전문점/ 죽 전문점/ 덮밥 전문점/ 비빔밥 전문점/ 돌솥밥 전문점/ 가마솥밥 전문점/ 철판볶음밥 전문점

참치회 전문점/ 꽃게탕 전문점/ 해물탕 전문점/ 민물새우 전문점/ 낙지요리 전문점/ 랍스타 전문점/ 조개구이 전문점/ 꼬치구이 전문점/ 밴댕이요리 전문점/ 올갱이국 전문점/ 돼지갈비 전문점/ 삼겹살 전문점/ 생고기 전문점/ 연탄불고기 전문점/ 화로 숯불고기 전문점/ 한우 전문점/ 떡볶이 전문점/분식 전문점/ 만두 전문점/ 즉석김밥 전문점/ 카레요리 전문점/ 수제어묵 전문점/ 수제 햄버거 전문점/ 수제핫도그 전문점/ 호두과자 전문점/ 왕만두 전문점/ 멸치국수 전문점/ 잔치국수 전문점/ 회국수 전문점/ 막국수 전문점/ 우동 전문점/ 라면 전문점/ 칼국수 전문점/ 손칼국수 전문점/ 콩칼국수 전문점/ 바지락 칼국수 전문점/ 수제비 전문점/ 닭수제비 전문점/ 퓨전음식 전문점/ 일식돈가스 전문점/ 바비큐 전문점/ 샤브샤브 전문점/ 버섯요리 전문점/ 두부요리 전문점/ 두루치기 전문점/ 보리밥 전문점/ 쌈밥 전문점/ 떡갈비 한정식 전문점

추어탕 전문점/ 매운탕 전문점/ 동태탕 전문점/ 감자탕 전문점/ 영양탕 전문점/ 오리요리 전문점/ 설렁탕 전문점/ 해장국 전문점/ 뼈다귀 해장국 전문점/ 콩나물 해장국 전문점/ 소해장국 전문점/ 카페/ 락카페/ 북카페/ 룸카페/ 커피숍/ 룸커피숍/ 테이크아웃 커피 전문점/ 보드게임 카페/ 막걸리 전문점/ 연탄불 생선구이 주점/ 일본식 주점/ 퓨전 주점/ 연탄불 안주 주점/ 철판요리 주점/ 포차 주점/ 맥주 전문점/ 세계맥주 전문점/ 호프 전문점/ 소주방/ 단란주점/ 룸살롱/ 노래방/ 비즈니스 바/ 웨스턴 바/ 칵테일 바/ 마술쇼 바/ 모던 바/ 클럽/ 제과점/ 떡 전문점/ 피자 전문점/ 파스타 전문점/ 스파게티 전문점/ 이태리요리 전문점/ 프랑스요리 전문점/ 터키요리 전문점/ 베트남쌀국수 전문점/ 양꼬치 전문점/ 말고기 전문점/ 북한음식 전문점/ 외국음식 전문점/ 패스트푸드/ 패밀리 레스토랑/ 샐러드 레스토랑/ 해물 뷔페/ 고기 뷔페/ 가든형 음식점/ 반찬집/ 1만원 고기안주 주점/ 1만원 해산물안주 주점/ 무한리필 안주 주점/ 무한리필 음식 전문점/ 무한 토핑 주점

## 〈표 44〉 추정소요자금 계획

| 과목 | 금액 | 비고 |
|---|---|---|
| 1. 매출액 | 0 | 서비스매출 + 상품매출 |
| 1) 서비스 | 0 | (서비스매출) |
| 2) 상품매출 | 0 | (상품 또는 음식 판매 매출) |
| 2. 매출원가 | 0 | 상품의 원가 |
| 3. 매출이익 | 0 | 매출액 - 매출원가 |
| 4. 판매관리비 | 0 | |
| 1) 급료 | 0 | 직원급여, 사업자급여 |
| 2) 복리후생비 | 0 | 직원복리후생, 4대보험, 식대 등 |
| 3) 임차료 | 0 | 임차료 |
| 4) 수도광열비 | 0 | 전기세, 수도세, 가스 등 |
| 5) 통신료 | 0 | 전화, 인터넷, 휴대폰 |
| 6) 수수료 | 0 | 세무대행료, 신용카드 수수료, 정수기, POS 등 |
| 7) 소모품비 | 0 | 1회용품, 청소용품, 주방용품 |
| 8) 감가상각비 | 0 | 취득원가-잔존가치/내용연수 |
| 9) 광고비 | 0 | 전단지, 홍보비 등 |
| 10) 기타경비 | 0 | |
| 5. 영업이익 | 0 | 매출이익 - 판매관리비 |
| 6. 영업외 비용 | 0 | |
| 1) 지급이자 | 0 | 대출금은행이자 |
| 7. 영업외 수익 | 0 | 이자수익 등 |
| 8. 경상이익 | 0 | 영업이익 - 영업외비용 + 영업외수익 |
| 9. 세전순이익 | 0 | 경상이익 - 특별손실 + 특별이익 |
| 10. 세금 | 0 | 1년 부가가치세, 소득세/12개월 |
| 11. 순손익 | 0 | 세전순이익 - 순이익 |

<table>
<tr><td colspan="3" align="center">매출액 추정과 투자 수익률 분석</td></tr>
<tr><td colspan="3" align="center">매출액 추정 방법</td></tr>
<tr><td colspan="3" align="center">1개월 동안의 수익 X 12개월 = 적정 권리금</td></tr>
<tr><td colspan="3" align="center">월 매출액</td></tr>
<tr><td colspan="3" align="center">통행인구수 X 내점률 X 1인구매단가(객단가)<br>X 월간 영업일수</td></tr>
</table>

〈표 45〉 투자수익률 및 투자회수기간 판단 기준

| 사업성 판단기준 | 투자수익률 | 투자비회수기간 |
|---|---|---|
| 매우 우수 | 4.3% 이상 | 2년 이내 회수 |
| 우수 | 3~4.2% | 2~3년 회수 |
| 보통 | 2.2~3% | 3~4년 회수 |
| 불량 | 2.1% 미만 | 4년 이상 회수 |

### 〈표 46〉 입지 후보지 선정

| | | |
|---|---|---|
| 1 | 업종(목적)분석 | 아이템의 소비시간, 소비수준, 소비층, 소비행동, 경쟁점, 보완점을 분석한다. |
| 2 | 유사업종군집화 | 소비패턴과 소비특성 등이 유사한 업종을 군집화한다. |
| 3 | 1차 지역선정 | 군집화된 업종의 환경 조사 |
| 4 | 적합도 분석 | 상권과 업종의 적합도와 경쟁점과 보완점을 조사한다. |
| 5 | 2차 후보지선정 | 적합도가 높으며, 임대조건 등이 좋은 지역 선정 |
| 6 | 변화요인 분석 | 도시계획, 공급률 등을 조사하여 미래변화요인을 조사한다. |
| 7 | 타당성 분석 | 추정손익, 투자대비, 수익률 등 사업타당성을 분석한다. |
| 8 | 최종 | 최종 결정 |

**〈표 47〉 환경 분석(3C 분석)**

| 3c | 분석 내용 | 전략 방향 |
|---|---|---|
| Customer | - 상권 반경 1km 내<br>- 배후세대를 주택가로 두고 있는 2종 근린생활 상권<br>- 30~40대 매니아층, 가족 수요 상존<br>- 31,500세대, 88,700명(주택 80%) | 양질의 제품 확보 정당한 가격 정책 |
| Company | - 기능적 능력의 확보<br>- 공급자 확보<br>- 20년 이상 거주로 잠재 수요 확보 | 제품의 질 유지 |
| Competitor | - 경쟁점포 7개소(곱창 6, 양구이 1)<br>- A급 경쟁점포 1개<br>- 경쟁점 대비 차별화 요소 약함<br>- 기존 점포의 고객 충성도 높음 | 양심의 제품 공급과 마케팅으로 새로운 맛집으로 부상 |

<표 48> 사업 방향의 설정

| 구분 | 사업 방향 설정 |
|---|---|
| 목표고객 | - 상권 내 30~40대<br>- 배후세대 가족 고객 |
| 핵심경쟁력 | - 기술적 능력<br>- 양질의 제품에 대한 지속적인 제공능력 |
| 실행방안 | - 독산동 내장 도매상과의 협업<br>- 블로그 운영<br>- 스토리텔링에 의한 고객충성도 고취 |
| 업종현황 및 전망 | - 공급이 한정적이고 손질에 어려움이 있는 반면, 매니아충을 중심으로 수요가 꾸준하여 향후 전망 또한 안정적임. |

<표 49> 시설계획

| 인테리어 컨셉 | -젠 스타일 추구로 유행을 타지 않으면서 안정감 추구<br>-가족 고객을 위한 편안한 테이블 셋팅<br>-배연 시설에 중점 | | | |
|---|---|---|---|---|
| 시설 계획 | -동선을 고려한 설계<br>-주방면적, 홀 면적, 테이블 수, 마감재 기재 철거, 목공,<br> 전기, 조명, 마감 계획의 구체화<br>-간판 디자인 | | | |
| 시설 자금 | 품명 | 수량(m²) | 3.3m² 당 단가 | 금액 |
| | 인테리어(홀) | 66 | 800,000 | 16,000,000 |
| | 인테리어(주방) | 19 | 400,000 | 2,000,000 |
| | 잡기 비품 등 | | | 5,000,000 |
| | 간판 외 | | | 2,000,000 |
| | 합계 | | | 25,000,000 |

### 〈표 50〉 구매계획

| 구매전략 | -독산동 내장 소매상 2곳 이상 확보<br>-세금계산서 수취가 가능한 식자재 업체 확보<br>-결제조건, 반품 조건 등을 명확히 함.<br>-집기 비품 구매 목록표 작성 | | | | | |
|---|---|---|---|---|---|---|
| | **구입품명** | **구입처** | **거래조건** | **연락처** | **금액** | **비고** |
| 식자재 | 곱창, 양깃머리 외 | | | | | |
| | 식자재 | | | | | |
| | 주류 | | | | | |
| 집기/비품 | 주방 용품 | | | | | |
| | 홀 용품 | | | | | |

### 〈표 51〉 판매계획

| 판매계획 | 메뉴명 | 수량(g) | 단가 | 금액(일) | 비고 |
|---|---|---|---|---|---|
| | 곱창 | 200 | 15,454 | 772,700 | |
| | 양깃머리 | 200 | 20,000 | 200,000 | |
| | 곱창모듬 | 200 | 13,636 | 272,720 | |
| | 염통 | 200 | 9,090 | 45,450 | 부가세<br>별도 |
| | 간, 천엽 | | 4,545 | 22,725 | |
| | 주류 | | 2,727 | 149,985 | |
| | 합계 | | | 1,463,580 | |

<표 52> 원가계획

| 매출원가 | 원부자재 | 소요량(일) | 구입단가 | 금액 | 비고 |
|---|---|---|---|---|---|
| | 곱창 | 1보 | | | |
| | 양깃머리 | 2kg | | | |
| | 막창 | 1보 | | | |

<표 53> 인력 및 인건비 계획

| 직책 | 인원 | 급여 | 총액 | 비고 |
|---|---|---|---|---|
| 실장(주방/홀) | 2 | 1,600,000 | 3,200,000 | |
| 직원(홀) | 2 | 1,400,000 | 2,800,000 | |
| 보조(주방) | 1 | 800,000 | 800,000 | |
| 합계 | 5 | 3,800,000 | 6,800,000 | |

**〈표 54〉 소요자금 및 조달계획**

| 구분 | | 내역 | 금액 | 산출근거 |
|---|---|---|---|---|
| 소요자금 | 시설자금 | 임차보증금 | 40,000,000 | 임대차계약서 |
| | | 권리금 | 20,000,000 | 권리양도계약서 |
| | | 인테리어비 | 20,000,000 | 견적서 |
| | | 집기 비품 | 5,000,000 | 견적서 |
| | | 소계 | 85,000,000 | |
| | 운영자금 | 운영자금 | 25,000,000 | 매출계획의 약 65% |
| | | 소계 | 25,000,000 | |
| | 합계 | | 110,000,000 | |
| 조달계획 | 자기자금 | 현금/예금 | 70,000,000 | 통장 |
| | | 소계 | 70,000,000 | |
| | 타인자금 | 은행대출 | 10,000,000 | |
| | | 정책자금 | 30,000,000 | 창업자금 |
| | | 소계 | 40,000,000 | |
| | 합계 | | 110,000,000 | |

**〈표 55〉 손익계획**



| 과목 | 금액 | | 산출근거 |
|---|---|---|---|
| 1.매출액 | | 39,516,000 | 매출계획(27일영업일) |
| 2.매출원가 | | 15,806,000 | (40%) |
| 3.매출이익 | | 23,710,000 | |
| 4.일반관리비 | | 13,875,000 | (가~자 합계액) |
| 가.급료 | 6,800,000 | | 인력계획 참조 |
| 나.임차료 | 5,060,000 | | |
| 다.관리비 | 600,000 | | |
| 라.수도광열비 | 400,000 | | |
| 마.통신비 | 50,000 | | |
| 바.복리후생비 | 250,000 | | |
| 사.광고선전비 | 100,000 | | |
| 아.잡비 | 200,000 | | |
| 자.감가상각비 | 415,000 | | |
| 5.영업이익 | | 9,835,000 | |
| 6.영업외비용 | | 100,000 | |
| 가.지급이자 | 100,000 | | 약 25% |
| 7.영업외수익 | | | |
| 8.경상이익 | | 9,735,000 | |

〈표 56〉 곱창이야기 수익성

| 구분 | 15평(49.5m) | 30평(99.1m) |
|---|---|---|
| 테이블수 | 일일 2회 기준<br>테이블수X테이블단가40,000<br>▶360,000X2회<br>▶720,000 | 일일 2회 기준<br>테이블수18X테이블단가40,000<br>▶720,000X2회<br>▶1,440,000 |
| 예상매출 | 일일 2회 기준<br>테이블수X테이블단가40,000<br>▶360,000X2회<br>▶720,000 | 일일 2회 기준<br>테이블수18X테이블단가40,000<br>▶720,000X2회<br>▶1,440,000 |
| 예상월매출 | 영업일30X일매출→ 21,600,000 | 영업일수30X일매출→43,200,000 |

〈표 57〉 곱창이야기 창업비용

| 구분 | 15평 | 30평 | 내용 |
|---|---|---|---|
| 월매출 | 21,600,000 | 43,200,000 | |
| 매출원가 | 8,610,000 | 17,280,000 | 원재료+식자재+주류+야채류 |
| 건물임대료 | 2,600,000 | 4,000,000 | 임대료/관리비 |
| 인건비 | 4,000,000 | 7,000,000 | 15평 주방1 홀2 4,000,000<br>30평 주방1 홀4 7,000,000 |
| 전기,가스<br>공과금 | 1,000,000 | 2,000,000 | 전기,수도,가스,공과금 등 |
| 잡비 | 500,000 | 1,000,000 | 기타 소모품 및 식대 |
| 소계 | 16,140,000 | 31,280,000 | |
| 영업이익 | 5,460,000 | 11,920,000 | 원매출-지출경비(소계) |

## 〈표 58〉 한식당 창업비용의 예

| 구분 | 내용 | 20평 | 30평 | 40평 | 50평 | 60평 | 70평 |
|---|---|---|---|---|---|---|---|
| 가맹비 | 브랜드 사용권, 지역독점부여권, 조리교육, OPEN지원 3일 | 500 | 500 | 500 | 500 | 500 | 500 |
| 교육비 | 경영, 조리, 매뉴얼제공, 본사 노하우제공, 조리교육 3일 | 200 | 200 | 200 | 200 | 200 | 200 |
| 인테리어 | 목공사, 전기공사, 설비공사, 도장공사, 유리, 도배, 주방, 바닥 시공, 조명, 덕트 등 일체포함 | 3,000 | 4,500 | 6,000 | 7,500 | 9,000 | 10,500 |
| 주방기기 | 냉장고 및 냉동고, 간택기, 육수냉장고, 싱크대,찬 냉장고, 작업대, 밥솥, 컵소독기, 스텐선반, 홀싱크대, 상부선반, 초벌대 | 37 | 37 | 37 | 37 | 37 | 37 |
| 주방 및 홀 집기 | 그릇 및 주방집기, 기물, 홀 집기, 앞치마, 전자레인지, 믹서기, 보온고 등 | 30 | 30 | 30 | 30 | 30 | 30 |
| 판촉 및 홍보 | 명함, 빌지패드, 라이터, 메뉴판, 전단지, OPEN현수막, 유니폼(홀, 주방), 오픈행사도우미 2명 외 등 | 250 | 250 | 250 | 250 | 250 | 250 |
| 본사지원품목 | 주류냉장고, 냉동고, 냉각기 및 주류비품 일체, 가스설비시공(단, 도시가스 제외) | | | | | | |
| 창업자금지원 | 무이자, 무담보, 1,000만원부터 최고 5,000만원 까지 가능(지역 상권, 평수에 따라 차이가 날 수 있음) | | | | | | |
| 합계 | | 4,017 | 5,517 | 7,067 | 8,567 | 10,067 | 11,567 |

<table>
<tr><td colspan="2">사업자등록증 발급을 위한 행정 절차</td></tr>
<tr><td>권리금<br>산정방식</td><td>① 신규 위생교육<br>② 보건증 발급<br>③ 영업신고증 신청<br>④ 사업자등록증 신청<br>⑤ 보험 가입</td></tr>
</table>

〈표 59〉 일반음식점과 휴게음식점 비교

| 일반음식점 | 휴게음식점 |
| --- | --- |
| 음식물의 조리 및 판매와 더불어 음주행위가 허용되는 호프집, 한식, 경양식 등 | 음식물의 조리 및 판매는 가능하나 음주행위가 허용되지 않는 커피숍, 빵집 등 |

<표 60> 일반과세와 간이과세 비교

| 구분 | 일반과세사업자 | 간이과세사업자 |
| --- | --- | --- |
| 매출액 | 연간매출액 4,800만원 이상 | 연간매출액 4,800만원 미만 |
| 납부세율 | 공급가액의 10% 부가가치세로 납부 | 업종별 부가세율을 고려한 세율부과(공급가액의 1.5~4%) |
| 세액공제 | 매입세액 전액 | 매입세액의 15~40% |
| 세금계산서 | 세금계산서 발행과 매입의 의무 | 세금계산서 발행 불가 |
| 예정고지 여부 | 예정신고기간에 대해 예정신고 또는 예정고지에 의한 징수 원칙 | 예정신고 및 예정고지 없음 |
| 비고 | | 과세기간 매출액이 1,200만원 미만인 경우 부가가치세 면제 |

### 〈표 61〉 주요 소셜커머스 사이트 및 연락처

| 소셜커머스<br>업체 | 도메인 | 연락처 |
|---|---|---|
| 쿠팡 | www.coupang.com | 1577-7011 |
| 티켓몬스터 | www.ticketmonster.co.kr | 1544-6240 |
| 위메이크<br>프라이스 | www.wemakeprice.com | 1588-4763 |
| 그루폰코리아 | www.groupon.kr | 1661-0600 |
| 지금샵 | www.g-old.co.kr | 070-4077-4770 |
| 슈팡 | www.soopang.co.kr | 1600-2375 |
| 소셜비 | www.sociabee.co.kr | 1588-5908 |
| 달인쿠폰 | www.dalincoupon.com | 1666-9845 |

## 〈표 62〉 온라인마케팅의 하나인 소셜미디어 활용

| | 블로그 | SNS | 위키 | UCC | 마이크로 블로그 |
|---|---|---|---|---|---|
| **사용목적** | 정보공유 | 관계형성, 엔터테이먼트 | 정보공유, 협업에 의한 지식 창조 | 엔터테이먼트 | 관계형성, 정보공유 |
| **주체:대상** | 1:N | 1:1 1:N | N:N | 1:N | 1:1 1:N |
| **사용환경 / 채널 다양성** | 인터넷 의존적 | 인터넷환경, 이동통신환경 | 인터넷 의존적 | 인터넷 의존적 | 인터넷환경, 이동통신환경 |
| **사용환경 / 즉시성** | 사후기록, 인터넷 연결시에만 정보 공유 | 사후기록, 현재시점 기록, 인터넷/이동통신 연결시 정보공유 | 사후기록, 인터넷 연결시 창작/공유 | 사후제작, 인터넷 연결시 콘텐츠 공유 | 실시간 기록, 인터넷/이동통신 연결시 정보공유 |

# 〈표 63〉 연간 판매촉진 전략

| 월별 | 행사 | 이벤트 기준 및 판촉활동 |
|---|---|---|
| 1 | 시무식, 신년회, 설날, 대입합격축하회 | POP부착, 새해선물(식사권, 할인권 등)을 연하장에 넣어 DM발송, 내점고객 선물 증정(복주머니, 복조리 등) |
| 2 | 입춘, 봄방학, 졸업식, 환송회 | 졸업축하 이벤트, 발렌타인데이 특별 디너세트 판매(꽃, 샴페인증정, 초콜릿), 봄맞이 환경처리 실시, 현수막 부착, DM발송(리스트 입수), 정월대보름 오곡밥 축제 |
| 3 | 입학식, 환영회, 대학개강 파티 | 입학식, 환영회(행사유치를 위한 사전 홍보활동 및 선물제공), 화이트데이 이벤트 실시, 봄 샐러드 축제와 꽃씨제공 |
| 4 | 봄나들이, 한식, 식목일 | 신 메뉴 개발, DM, 각종 차량에 안내장 부착 |
| 5 | 어린이 날, 어버이 날, 스승의 날, 성년의 날 | 어린이날 특선메뉴 및 기념품 제공, 가정의 달 효도대잔치(카네이션, 기념사진 등), 독거 소년·소녀와 노인 초청 행사, 서비스 콘테스트 실시, 광고 등 |
| 6 | 각종 체육회, 현충일 | 국가 유공자 가족 초대회(할인행사) |

| 월별 | 행사 | 이벤트 기준 및 판촉활동 |
|---|---|---|
| 7 | 여름보너스, 휴가,<br>초중고 방학 | DM, 여름철 특선 메뉴 실시(빙수, 생과일 쥬스,<br>호프, 야외 바베큐파티 등), 삼복더위 축제 |
| 8 | 여름휴가,<br>초중고 개학 | 한여름 더위를 식힐 화채 개발 시식 및<br>각종 우대권 제공 |
| 9 | 대학개학,<br>초가을레저, 추석 | 도시락 개발, 행락철에 T/O |
| 10 | 운동회, 대학축제,<br>결혼러시, 단풍놀이<br>행락객 | 가을미각축제, 과일축제, 송이축제,<br>전어축제, DM발송 |
| 11 | 학생의 날, 취직,<br>승진축하 | 찜요리 축제, 입시생을 위한 특선메뉴(건강식),<br>송년회 및 회식안내(DM) |
| 12 | 송년회, 겨울방학,<br>겨울레저, 첫눈 | 크리스마스카드 및 연하장 발송(할인권),<br>점내 POP부착 |
| 기타 | 단골고객의 날<br>이벤트 개최, 생일<br>축하,<br>월 시식일 등 | 고객관리, 선물 또는 무료 식사권 제공 |

## 일일 매출 규모별 적정 관리 내역

## (1) 하루 매상 40만원-창업 실패한 업소

한 달 총매출 : 40만원 x 30일 = 1,200만원

재료비(30%~35% 안팎) : 450만원 안팎

임대료&공과금&인건비(35%~40% 안팎) : 500만원 안팎

순이익률(22%~30%) : 250만원 ~ 350만원(사장이 주방이나

매장일을 하는 상태)

## (2) 하루 매상 60만원-평균 성적을 거둔 업소

한 달 총매출 : 60만원 x 30일 = 1,800만원

재료비(30%~35% 안팎) : 600만원 안팎

임대료&공과금&인건비(35%~40% 안팎) : 700만원 안팎

순이익률(23%~32%) : 400만원 안팎(사장이 주방이나 매장

일을 절반 정도 하는 상태)

## (3) 하루 매상 150만원-대박 아닌 중박을 이룬 업소

한 달 총매출 : 150만원 x 30일 = 4,500만원

재료비(30%~35% 안팎) : 1,600만원 안팎

임대료 & 공과금 & 인건비(35%~40% 안팎) : 1,700만원 안팎

순이익률(25%~33%) : 1,200만원 안팎

## (4) 하루 매상 30만원~40만원 일 경우-폐업 갈림길의 음식점

말 그대로 입에 풀칠하고 있는 상황에서 사업을 접지도 못하는 상황인 음식점을 말한다. 수입이 적기 때문에 사장이 직접 주방일을 할 수밖에 없다. 인건비 지출을 줄여야 하므로 종업원은 1~2인만 고용할 수 있는 상태다. 종업원 1인 고용 시 매장을 전부 담당하지 못하므로 사장 부인이 주방일도 거들고 매장일도 거드는 상황이 된다. 이렇게 되면 부부가 힘들어 지게 되고, 부인의 바가지 지수는 높아지며 이때쯤 되면 음식점 장사에 대해 체념하게 된다.

이런 점포는 십중팔구 1년 안에 문을 닫게 되거나, 코가 꿰인 상태로 어쩌지도 못하고 사업을 하는 상태가 지속된다.

하루 평균 매상 30만원 이하이면 이건 동네에서 관심조차 받지 못하는 음식점이란 뜻이고, 맛없는 집이거나 망해가는 음식점이라는 뜻이다. 다시 말해 동네 손님은 없고, 아주 소수의 단골손님과 우연히 걸려든 뜨내기손님을 받는 업소이다.

 5천만원 이하 소자본 창업을 하면서 준비를 제대로 하지 않으면 이런 일이 쉽게 발생한다. 가장 큰 이유는 업종 선택이 잘못되어서이거나, 맛이 없어서이다. 이런 경우 1일 매상 폭의 변동이 매우 심한데 이것은 고객들에게 안 가도 되는 음식점으로 각인됐다는 뜻이다. 창업 15일이 지나도 하루 평균 매상이 30만 원 이하이면 바로 업종 변경을 해야 한다. 만일 밥집이었다면 술을 취급할 수 있는 업종으로 변경을 시도하면 매상을 더 올릴 수 있다.

## (5) 하루 매상 60만원 일 경우-생활 유지형 음식점

하루 매상 60만원이라면 월수입이 400~500만원 정도이므로 집에 생활비를 가져갈 수 있고 음식점 경영 목적으로 자동차를 자유롭게 운용할 수 있는 상태이다. 자동차는 더 싼 식재료를 사러 다니는 용도로 사용한다. 우리 주변에서 볼 수 있는 평범한 음식점들보다는 좋은 실적이므로 일단 '맛'은 어느 정도 인정받은 집이라고 할 수 있다.

 일을 할 때 가끔 자기 일이 행복하다는 생각이 들기도 하고 불행하다는 생각이 들기도 한다. 부부는 일심동체로 사업을 키우기 위해 더 열심히 노력하는 상태가 된다. 건물 임대료에 따라 다르겠지만 종업원은 1~2명 정도 고용할 수 있고 부부 중 한 사람이 주방을 맡아 인건비 부담을 줄일 수 있다.

 그런데 이 경우가 가장 위험하다. 당장 먹고사는 방법이 마련되어 있으므로 가끔 행복지수가 올라가기는 하는데, 유명 맛집이 아닌 한 음식점의 매상은 세월이 흐를수록 떨어지기 마련이다. 예를 들어 옆집에 더 근사한 음식점이 들어오면 바로 타격이 온다는 뜻이다. 하지만 기존 단골이 있으므로 바로 매상이 떨어지지는 않고 2~5년 세월이 흘러가면서 아주 서서히 매상이 떨어진다. 어느 날은 매상이 90만원인데 어느 날은 매상이 20만원이 되기도 한다.

**(6) 하루 매상 100만원일 경우-돈을 모을 수 있는 음식점**

월 900만원 안팎의 수익이 발생하므로 몸은 고생해도 행복지수는 날로 높아진다. 월 순이익 1천만원 수준을 넘기면 이젠 자신의 음식점이 성공하였다고 자부하고, 자기는 가만히 있는데도 돈이 굴러들어온다고 착각한다. 이 상태이면 주방장과 종업원을 여러 명 고용한 뒤 부부는 놀러 다닐 수도 있는 상태가 되지만 돈 버는데 재미가 붙어 꼭 매장에 붙어 있으려고 한다. 이 경우 월수입을 전부 쓰지 말고 생활비를 제외한 나머지는 반드시 저축해야 한다. 저축한 금액은 몇 년 뒤 매장을 확장하거나 직영점을 내는 데 활용할 수 있다. 직영점 3개 정도 내면 더 바쁘게 살겠지만 최소한 돈 걱정은 안 하고 살 수 있을 것이다. 또한 천천히 프랜차이즈 사업을 시도할 수도 있다.

**(7) 하루 매상 150만원일 경우-흔히 말하는 중박 음식점**

하루 매상이 150만원인 점포는 흔히 말하는 중박 이상의 성공한 음식점들이다.

유명 햄버거 프랜차이즈 중에서 입지 조건이 나쁜 지방에 있는 점포인 경우 일매 110만원 정도를 찍는다. 대도시에서 지명도 낮은 지역에 있는 유명 햄버거 체인점들이 일매 130만원~180만원을 찍는다. 그리고 재래시장에서 볼 수 있는 시장 빵집 중 항상 손님이 바글바글대는 빵집이 일매 170만원을 찍는다.

30평 규모의 유명 한식 프랜차이즈 중에서 장사가 잘되는 점포가 일매 150만원 찍고, 장사가 잘되는 주점, 호프집, 고깃집, 일식집, 분식집이 일매 150만원을 찍는다.

## (8) 하루 매상 200만 원-흔히 말하는 초대박 음식점

하루 매상 200만 원이면 객단가 7천 원 기준 1일 300인분을 판매하는 초대박 음식점이다. 월 1천 500만원~2천만원의 순수익이 발생한다. 물론 고기를 박리다매하는 주점이라면 이익률이 더 낮아질 것이다. 하루 200만 원 매출이 발생한다면 더할 나위 없이 좋은 시나리오이고 프랜차이즈 사업을 시도해도 성공할 확률이 높다. 또한 매출이 조금 떨어질 무렵이면 장사에 싫증날 수도 있는데 이때 권리금을 많이 받고 바로 팔아 버릴 수도 있다.

그런데 하루 매상 200만원 찍으려면 단골과 유동 인구가 중요하다. A급 상권에 입점한 유명 패스트푸드점, 외식업 체인점이 일매 200만원 이상 찍는다. A급 상권에서 장사가 잘되는 고깃집, 한정식, 횟집, 주점, 퓨전음식점, 유명 한식체인점, 일식집, 분식집이 일매 200만원 이상 찍는다. A급 상권에 있는 퓨전포차도 히트치면 일매 200만원 이상 찍는다.

## (9) 하루 매상 300만원 이상-맛집이거나, 유동 인구가 많거나, 매장 크기가 큰 음식점

유동 인구가 많은 오피스 밀집 지역은 20평 크기의 분식점도 장사를 잘하면 일매 300만 원 이상 찍기도 한다. 또한 지방의 전통적인 맛집이거나, 점포 크기가 상대적으로 큰 경우다. 객단가가 높은 음식점이거나, 부촌에서 장사가 잘되는 음식점이 이에 속한다.

A급 상권이거나 강남 부촌 등에서 장사가 잘되는 고깃집, 주점 등이 일매 300만원 이상 찍고, A급 상권으로 비즈니스 밀집 지역에서 장사가 잘되는 20평 크기의 분식점이 일매 300만 원 이상 찍는다. 대형 아파트단지에서 맛으로 유명한 개인 빵집도 일매 300만원 이상 찍는다.

갈비 숯불구이집이 부촌에서 초히트치면 일매 1,000만원을 찍는다. 바닷가의 유명 횟집이라면 일매 400만원 이상 찍는다. 더 유명하고 드라이브족이 많이 찾는 횟집이라면 일매 700만원을 찍기도 한다. 도시 외곽에 새로 음식점을 세웠는데 맛집으로 유명세를 타면서 손님들이 몰려온다면 일매 300만원 이상 찍고 업종에 따라 일매 500만원 찍는 집과 일매 700만원을 찍기도 한다.

## (10) 하루 매상 1천만 원-기업형 음식점

유동 인구가 많은 곳에 위치한 유명 패밀리 레스토랑 가맹점들은 보통 일매 1천만원 이상을 찍는다. 유명 프랜차이즈의 본점은 대부분 대형이다. 이들 중 장사를 잘하는 본점들이 보통 일매 400만원, 500만원을 찍고, 일매 1천만 원 이상 찍는 본점도 있다. 보통 고깃집, 쌈밥집, 보쌈집, 오리요릿집처럼 객단가가 높은 업체들의 본점이 가능하다.

**〈표 64〉 한식 갈비집의 초기 창업비용**

| 품목 | 내용 | 금액 |
|---|---|---|
| 가맹비 | ·상표사용권 부여 및 지역 독점영업권 보장 | ·400만원<br>※전략지역 할인이벤트 확인 |
| 교육비 | ·가맹점 운영 교육 및 매뉴얼 제공, 노하우 전수 | 600만원 |
| 물품 보증금 | ·본사 공급 원부자재에 대한 예치금(가맹계약 해지 시 반환) | ~~400만원~~ → 200만원<br>※200만원 할인행사 |
| 점포개발비 | ·나이스비즈맵과 SK텔레콤 상권분석 시스템 | ~~100만원~~ → 0원<br>※100만원 할인행사 |
| 인테리어 | ·설계 및 3D 디자인/바닥타일 공사<br>·목공사(자재/인건비/유리·금속 공사<br>·전기, 조명공사/도장, 필름공사/사인물 일체 | 4200만원<br>※33m² 당 140만원 |
| 홀/주방기물 | ·2인/4인 테이블, 단체석 일체 등 | 1500만원 |
| 간판 | ·외부 전면 잔넬 텍스트 간판 (4M)<br>·돌출 간판 및 사이드 간판 | 450만원 |
| 기기설비 | ·로스터(착화식), 삼중불판<br>·냉장/냉동고, 간데기 etc, 육류냉장고 등<br>·샐러드바, 아이스크림케이스, 식혜, 커피머신 | 2250만원 |
| 홍보/오픈지원 | ·웹카메라 1대/음향기기SET/홍보물 및 조형물 일체 | 50만원 |

**〈표 65〉 외식업 초기 창업비용(단위 : 만 원)**

| 구분 | 99.17m² | 132.23m² | 165.28m² | 198.34m² | 세부내역 | 비고 |
|---|---|---|---|---|---|---|
| 가맹비 | 800 | 800 | 800 | 800 | 상호·상표사용(브랜드가치) 등 | 소멸 |
| 교육비 | 200 | 200 | 200 | 200 | 메뉴·운영·서비스·식자재 교육 | 체류비 등 점주부담 |
| 인테리어 | 3900 | 5200 | 6500 | 7800 | 목공사, 설비, 방수공사, 천정, 전기 등 | 평당 130만 원 |
| 간판 | 500 | 600 | 700 | 750 | 전면LED간판, 돌출간판 등 | 그 외 별도 |
| 닥트 | 550 | 700 | 850 | 1000 | 외부 2층 기본, 내부 및 주방 닥트 | 3층 이상 별도 |
| 테이블·의자 | 400 | 520 | 640 | 760 | 홀 의·탁자 | |
| 테이블렌지 | 270 | 350 | 430 | 510 | 2구렌지 | |
| 주방기기·홀집기 | 2100 | 2700 | 3300 | 3900 | 식기세척기, 주방기기 등 | 주물불판은 본사 무료 대여 |
| 인쇄·홍보·소품 | 200 | 250 | 300 | 400 | 이벤트, 전단지, 추억의 소품 일체 | |
| 합계 | 8920 | 1억1320 | 1억3720 | 1억6120 | | |

# 참고문헌


김성은, “요리가 있는 스몰 맥주집 청춘싸롱”, 월간식당(2014.5), 170-171.

ㅤㅤㅤ, “작게 더 작게 스몰비어에 빠지다”, 월간식당(2013.9), 156.

김인정, “컵푸드문화를 선도하다”, 창업&프랜차이즈(2013.1), 210-211.

김준성, “퓨전포차 프랜차이즈”, 외식경영(2016.8), 105-111.

박선정, “초가성비 저가형 포차”, 월간식당(2016.9), 94-101.

월간식당, “바보같은 가격 바보비어”, (2013.9), 158-161.

이동은, “주점 업계 동향” 월간식당, (2017.08), 76-77.

ㅤㅤㅤ, “프랜차이즈 FC리포트”, (2017.08), 180-187

이은영, “세계의 야시장이 몰려온다”, 월간식당(2016.9), 101-107.

이인규, “프랜차이즈 3선”, (2014.12), 226-227.

창업&프랜차이즈, “1인 창업의 대명사 봉구비어”, (2014.12), 92-95.

ㅤㅤㅤㅤ, “국내 정통 호프의 산실”, (2014.12), 104-107.

ㅤㅤㅤㅤ, “상생 경영으로 키운 브랜드의 힘”, (2015.3), 80-81.

___________, "세계맥주전문점 탭하우스" (2014.12), 102-103.

___________, "스몰비어를 바라보면 우려의 시선 불식" (2013.11), 74-75.

___________, "싸롱 전성시대 저녁노을과 맥주한잔", (2014.12), 96-97.

___________, "히트예감 프랜차이즈 13선", (2013.01), 186-187.

황해원, "방범포차 사람들", 월간식당(2015.11), 111-113.


〈ebuzz, 2014.01.21〉

〈MT머니투데이, 2014.10.28〉

〈세계일보, 2014.01.28〉

〈월간식당, 2017.08〉

〈이투데이, 2015.03.31〉

〈창업앤프랜차이즈, 2015.02.23〉

한눈에 읽는 외식창업 성공이야기 [시리즈 12]

복고풍 새로운 향수
포차·주점 전문점

발  행  일 : 2018年  6月  1日

저      자 : 김 병 욱

발  행  처 : 킴스정보전략연구소

홈 페 이 지 : http://www.kimsinfo.co.kr

주      소 : 서울시  강동구  성내로8길  9-19(성내동
               550-6) 유봉빌딩 301호(☎ 482-6374~5,
               FAX : 482-6376)

출판등록번호 : 제17-310호(등록일: 2001.12.26)

인      쇄 : 으 뜸 사

I  S  B  N : 979-11-7012-142-8

※ 당 연구소에서 발간하는 도서구입, 도서발행, 연구위탁, 강의, 내용질의,
컨설팅, 자문 등에 대한 문의 ☎(02)482-6374.